# 中国石油工程技术、
# 工程建设与装备制造要览

2022

中国石油天然气集团有限公司 编

石油工业出版社

图书在版编目（CIP）数据

中国石油工程技术、工程建设与装备制造要览. 2022 / 中国石油天然气集团有限公司编. -- 北京：石油工业出版社，2024.8. -- ISBN 978-7-5183-6837-2

Ⅰ.F426.22

中国国家版本馆CIP数据核字第2024SA8193号

中国石油工程技术、工程建设与装备制造要览2022

出版发行：石油工业出版社
　　　　　（北京安定门外安华里2区1号　100011）
　　　　网　　址：www.petropub.com
　　　　图书营销中心：（010）64523731
　　　　编　辑　部：（010）64523623　64523586
经　　销：全国新华书店
印　　刷：北京中石油彩色印刷有限责任公司

2024年8月第1版　2024年8月第1次印刷
710×1000毫米　开本：1/16　印张：9.5　插页：2
字数：180千字

定价：25.00元
（如出现印装质量问题，请与图书营销中心联系）
版权所有　翻印必究

编 辑 说 明

一、《中国石油工程技术、工程建设与装备制造要览2022》（简称《要览》）记述中国石油天然气集团有限公司2022年工程技术、工程建设和装备制造及其所属企业主要发展情况和所取得的成就，向广大读者展示中国石油天然气集团有限公司努力实现有质量、有效益、可持续发展，为建设基业长青的世界一流综合性国际能源公司所做出的努力和取得的成就。

二、本册《要览》内容分为总述和服务企业概览两个部分。

三、本册《要览》所引用的数据和资料时间从2022年1月1日至2022年12月31日，个别内容略有延伸。除特别指明者外，一般指中国石油天然气集团有限公司统计数字。

四、为行文简洁，《要览》中的机构名称一般在首次出现时用全称加括注简称，之后出现时用简称。中国石油天然气集团有限公司简称"集团公司"，中国石油天然气股份有限公司简称"股份公司"，两者统称"中国石油"。

五、本册《要览》资料翔实、叙述简洁、数据准确，为石油员工以及广大读者了解中国石油天然气集团有限公司年度发展情况提供帮助。

六、希望读者多提供宝贵意见和建议，以便今后能更好地精选内容，为读者服务。

《中国石油天然气集团有限公司年鉴》编辑部

2024 年 6 月

2022年4月19日，由管道局设计、建设的国家油气基础设施重点工程——双台子储气库双向输气管工程成功投产，标志着我国东北地区最大的储气库群——辽河油田储气库群新增一条重要外输通道（中油工程公司　提供）

2022年5月16日，中国石油集团西部钻探工程有限公司联合中国石油新疆油田公司、中国石油集团测井有限公司在新疆油田玛湖风南FNHW4063四井平台实施"双压裂"施工作业，历时11天，完成110段压裂施工，单日最高施工14段，日均施工10段，单日最大泵注液量1.53万立方米，刷新国内单机组桥射联作压裂工艺日均施工段数和单日泵注液量最高两项纪录，是国内首例实施的"双压裂"施工作业，填补国内"双压裂"技术空白（西部钻探公司　提供）

2022年6月11日，中国石油管道局工程有限公司发布消息，我国自主研发的多功能模块化海床挖沟机，完成孟加拉国首条海洋管道工程100多千米的管道铺设，创造"海陆定向钻穿越"和"航道后深挖沟"两项世界纪录（徐义泽　摄）

2022年6月23日，中国石油集团川庆钻探工程有限公司承钻的西南油气田公司双鱼001-H6井安全钻至9010米完钻，创中国陆上最深天然气水平井纪录（陈真　摄）

2022年7月15日，中国石油全球首艘大型DP浅水特种作业船"BGP Innovator"（东方物探创新者号）在大连交付，实现最浅5米水深作业，填补全球同类海域勘探装备空白，标志着中国海洋油气勘探装备研发制造实现历史性跨越（东方物探公司　提供）

2022年7月26日，中国石油集团海洋工程有限公司EPC总承包实施的国家管网集团册镇海底管道变形缺陷永久修复项目海底管卡安装成功，是世界当前使用的最大异形管卡，创6项国内第一、两项世界首创（海洋工程公司　提供）

2022年11月7日，宝鸡石油机械有限责任公司研发制造的全球首台钻井混合储能系统顺利完成厂内联调试验，各项性能均达到设计标准，发往油田现场进行工业性试验，标志着公司在用户侧储能产品上实现新突破，产品向绿色低碳转型的步伐加快（李晓斌 摄）

2022年，由工程建设公司承担的阿布扎比原油管线末站夜景（中油工程公司 提供）

目　　录

第一部分　总　述

工程技术 …………………… 2
　概述 ………………………… 2
　深化改革 …………………… 2
　市场开发 …………………… 3
　经营管控 …………………… 4
　生产组织运行 ……………… 5
　"四化"建设 ………………… 6
　地球物理勘探 ……………… 7
　钻井 ………………………… 12
　测井 ………………………… 19
　录井 ………………………… 23
　井下作业 …………………… 24
　风险作业 …………………… 28
工程建设 …………………… 30
　概述 ………………………… 30
　提质增效 …………………… 31
　重点工程建设项目管理 …… 32

　市场开发 …………………… 32
　科技创新 …………………… 32
　改革治理 …………………… 33
　质量健康安全环保 ………… 33
工程和物装管理 …………… 34
　概述 ………………………… 34
　工程项目管理 ……………… 34
　工程质量监督 ……………… 34
　物资采购管理 ……………… 34
　招标管理 …………………… 35
　装备管理 …………………… 35
　供应商管理 ………………… 35
　承包商管理 ………………… 35
　物资仓储管理 ……………… 36
　工程和物装管理信息化 …… 36
　装备制造事业部成立 ……… 36

第二部分　服务企业概览

工程技术服务企业

中国石油集团西部钻探工程有限公司

概况	38
工程技术服务	40
市场开发	40
科技创新	40
安全井控	41
绿色环保	41
企业党建工作	42
和谐企业	42

中国石油集团长城钻探工程有限公司

概况	42
工程技术	44
市场开发	45
科技创新	45
安全环保井控	46
企业管理	47
企业党建工作	47
长城钻探中标中油煤层气50口套管修复井项目	48
"强封堵恒流变油基钻井液及其性能自动化监测技术"成果达国际先进水平	48
长城钻探连续轻烃录井仪跻身国际先进	49
长城钻探封堵国内首口无轨迹双"落鱼"井	49
长城钻探研发集团公司重大专项现场应用成功	49
长城钻探自主研发热响应水泥浆体系在辽河油田热采井首次成功应用	50
长城钻探自主研发压裂液体系在华北油田首次成功应用	51
长城钻探膨胀管补贴修套技术创密封承压世界纪录	51
长城钻探中标科威特国家石油公司26亿元超级大单	52

中国石油集团渤海钻探工程有限公司

概况	52
市场开发	52
服务保障	53
安全环保井控	54
创新驱动	54
资源配置	54
人才强企	55
精益管理	55
企业党建工作	55

中国石油集团川庆钻探工程有限公司

概况	56

工程技术服务……………………… 57
油气风险合作开发………………… 58
提质增效…………………………… 58
技术创新…………………………… 58
风险防控…………………………… 59
企业党建工作……………………… 59

中国石油集团东方地球物理勘探有限责任公司

概况………………………………… 60
地球物理勘探……………………… 62
市场开发…………………………… 63
科技创新…………………………… 65
企业改革…………………………… 65
经营管理…………………………… 65
健康安全环保……………………… 66
企业党建工作……………………… 67
和谐企业建设……………………… 68
国家重点专项子课题通过验收…… 68
中油奥博入选国务院国资委"科改示范企业"……………………… 68
全球物探史上最大陆海勘探项目阿联酋 ADNOC 陆上项目完工… 68
东方物探公司古龙页岩油水平井光纤布设任务完成……………… 69
东方物探公司中标全 OBN 节点采集三维超大过渡带处理项目……… 69
东方物探公司测绘业务获河北省地理信息产业双项荣誉………… 69
东方物探公司 BPS500 声学定位系统通过 Verif-i 公司认证 ………… 70
中油奥博获 2022 年中国地球物理科学技术进步奖一等奖………… 70
东方物探公司应邀参加北京服务贸易交易会……………………… 70
《国企改革三年行动简报》刊发东方物探公司改革案例………… 70
东方物探公司获河北省"健康企业"称号…………………………… 70
运投型载重无人机在物探项目中获应用…………………………… 71
EV-56 高精度可控震源参展"奋进新时代"主题成就展………… 71
长庆物探处课题在"一带一路"合作国际学术会议上作学术交流…… 71
东方物探公司在集团公司第二届青年科技创意大赛中获奖……… 71
东方物探公司 DP 浅水作业船在中东首次作业……………………… 72
东方物探公司"海洋重器"参展2022 年中国海洋经济博览会 …… 72
国内首次水平井避光纤多相位定向分簇射孔作业完成…………… 72
东方物探公司获第九届全国科普讲解大赛二等奖………………… 73
东方物探公司获集团公司第二届创新大赛生产创新工程技术专业一等奖………………………… 73
"分时协同"创新成果获集团公司第二届创新大赛一等奖……… 73
东方物探公司南充三维项目野外采集竣工………………………… 73
中油奥博 uDAS 地震仪获首届"金燧奖"金奖……………………… 73
东方物探公司 GeoEast 获 2022 年度河北省科学技术进步奖二等奖… 74

东方物探公司通过河北省科技领军企业认定……74
初至波二次定位技术获国际专利保护……74

中国石油集团测井有限公司

概况……74
生产经营……76
市场开发……76
国际业务……77
生产组织……77
科技创新……77
装备制造……78
解释评价……78
数字化转型……79
质量健康安全环保……79
深化改革……80
企业管理……80
支持保障……80
企业党建工作……81
群团工作……81
乡村振兴……82
测井装备联盟大会召开……82
承办测井科技高端论坛……82
编纂出版《中国石油测井简史》……83
新一代桥射联作技术获集团公司2022年十大科技进展……84
CIFLog-LEAD 取得 CNAS 认证……84
测井装备智能化加工生产线竣工……84
2 项科研成果达到国际先进水平……84
重庆仪器厂取得 API 认证证书……85
射孔器材及配套件生产线项目开工……85

中国石油集团海洋工程有限公司

概况……85
市场开发……86
重点项目……87
质量安全环保……88
科技创新……89
企业管理……90
企业党建工作……91
社会责任……92

中国石油集团工程技术研究院有限公司

概况……92
科技创新……93
技术支持……93
人才强企……94
海外研发……94
合规管理……95
企业党建工作……95

中国石油集团工程材料研究院有限公司

概况……96
创新平台建设……97
科技成果……97
质量标准……98
成果转化……98
改革管理……99
人才队伍建设……99
QHSE 管理……99
健康企业建设……100
企业党建工作……100

工程建设企业

中国石油管道局工程有限公司

概况	101
市场开发	103
工程项目	103
改革调整	103
提质增效	104
科技创新	104
健康安全环保	105
企业党建工作	105
山地智能柔性自动焊装备应用成功	105
定向钻穿越创世界纪录	106

中国石油工程建设有限公司

概况	107
市场开发	108
工程项目	108
科学防控风险及安全复工复产	109
深化改革	109
科技创新	109
提质增效	110
人才强企	110
企业文化建设	110
企业党建工作	111

中国寰球工程有限公司

概况	111
工程建设	112
市场开发	112
科技创新	113
质量安全环保	113
人才强企	114
企业党建工作	114

中国昆仑工程有限公司

概况	115
绿色低碳和新材料科创中心成立	116
工程建设	116
市场开发	117
科技创新	117
质量健康安全环保	118
企业党建工作	118

中国石油集团工程有限公司北京项目管理分公司

概况	118
市场开发	120
服务保障	120
质量安全	120
科技创新	121
人才强企	121
依法合规治企	121
企业党建工作	122

装备制造企业

中国石油技术开发有限公司

概况	123
生产经营指标	123
深化改革	123
市场开发	124
企业管理	125
企业党建工作	126

中国石油集团渤海石油装备制造有限公司

概况 127
市场开发 128
生产保供 128
经营管理 129
科技质量 129
改革创新 130
安全环保 130
企业党建工作 131

宝鸡石油机械有限责任公司

概况 131
技术创新 133
新能源业务 133
海洋高端业务 133
油气田增产增效服务 133
市场开发 134
产品生产 134
安全生产 134
质量管理 134
数字化转型智能化发展 134
精益管理 135
深化改革 135

文化引领 135
企业党建工作 135

宝鸡石油钢管有限责任公司

概况 136
产品生产 137
技术创新 137
市场开发 138
安全生产 138
质量管理 138
提质增效 138
改革创新 139
风险防控 139

中国石油集团济柴动力有限公司

概况 139
市场开发 140
技术创新 141
产品生产 141
深化改革 141
转型发展 141
提质增效 141
精益管理 142
企业党建工作 142

第一部分

总　述

工程技术

【概述】 集团公司2017年12月组建成立中国石油集团油田技术服务有限公司（简称中油技服），管理中国石油集团西部钻探工程有限公司、中国石油集团长城钻探工程有限公司、中国石油集团渤海钻探工程有限公司、中国石油集团川庆钻探工程有限公司、中国石油集团东方地球物理勘探有限责任公司、中国石油集团测井有限公司、中国石油集团海洋工程有限公司7家子公司，同时负责集团公司所属其他工程技术服务企业以及科研机构的业务管理、指导与协调。中油技服作为重组后的油田服务业务管理主体，主要承担决策、协调、监督、党建和服务五类职能，是利润中心和经营管理中心，对7家成员企业以"战略管控＋部分运营管控"模式进行分级授权管理。

截至2022年底，主要专业施工队伍6771支。按专业分：物探队273支，钻井队1161支，测井队845支，井下作业队700支，录井、固井等技术服务队伍3792支。按市场分：国内5587支，国外1184支。员工总量10.84万人，其中合同化员工8.21万人、市场化员工2.63万人。资产总额1700亿元，资产负债率42.2%。

2022年，三维地震采集7.97万平方千米、钻井进尺2468万米、压裂3.84万层段、测井9.72万井次，分别同比增长10%、18.2%和10.9%。天然气商品量107.1亿立方米，同比增长3.1%，实现连续四年增长。收入同比增长8.5%，7家企业全部盈利。中油技服和各成员企业均超额完成集团公司下达的考核指标。渤海钻探、川庆钻探、东方物探、中油测井被评为集团公司先进集体。

（宿永鹏）

【深化改革】 2022年，中油技服严格落实上级各项决策部署，坚决贯彻两个"一以贯之"，锚定目标压茬推进，聚焦重点精准发力，中油技服本部部署的改革三年行动42项任务和7家企业部署的385项任务均全部完成。

持续推进业务结构调整，提升各类资源配置效率。全面贯彻新发展理念和构建新发展格局要求，持续组织实施业务归核化、差异化、高端化发展，配套编制《工程技术业务中长期高质量协同发展规划》《成员企业二三级机构、中层和基层领导职数压减方案》《中油技服钻井和井下业务差异化发展实施方案》等方案，西部钻探合并2家录井公司，渤海钻探合并2家钻井公司。进一步明确新能源、新业务发展方向和目标，编制《中油技服碳达峰实施方案》，拓展地热服务、二氧化碳埋存、海上风能安装、天然气水合物等新能源服务市场。探索租赁合作新模式，加快推动电驱压裂等装备租赁。制定落实"三步走"任务清单和实施方案。全级次企业亏损额、亏损户数实现双降，亏损面下降6个百分点；压减法人7户，提前完成集团公司下达的任务目标。从2018年的177户降至2022年的143户，压减34户，压降近20%，超额完成集团公司下达目标。

加快推动治理体系和治理能力现代化，提高核心竞争力。以"合规管理强化年"为契机，结合本部机构改革实际，重构制度体系，编制授权管理清单和权限手册，将160项规章制度精简为68项。开展"七个专项治理"，整改问题105项，促进合规管理体系更加科学规范。印发《中国石油集团油田技术服务有限公司本部全员业绩考核实施办法》，充分体现"业绩是干出来的，薪酬也是干出来的"价值导向，激发全体干部员工创新创效的积极性、主动性。压减长庆、塔里木等区域项目管理机构46个，更好地实现重点区域"五统一、六共享"。持续推进成员企业国际业务"六统一"管理，印发并组织实施6个国家统一品牌和资源共享方案，土库曼斯坦、乌兹别克斯坦等市场基本实现资源共享。完善境外员工培训体系，构建结构合理、精干高效、作风过硬的国际员工队伍。加强顶层设计，建成总部工程作业智能支持中心，推进实现数据流、信息流和业务流"三流合一"，实现流程再造。坚持低成本发展，成立中油技服工程造价中心，推动构建规范有序的工程技术服务价格体系。坚持以上率下，率先完成本部"三定"工作，部门压减28%、人员编制和中层领导职数压减10%。

聚力科技创新动能，引领创建世界一流示范技服公司。坚持问题导向和目标引领相结合，成立工程技术专业委员会和四个分专业技术委员会，编制《中油技服工程技术差异化发展方案》《中油技服科技奖励办法》《中油技服科技管理办法》等制度办法。东方物探联合10余家科研机构开展跨界研发，给经费、给政策、建"特区"，加快实现卡点突破，完成1000米水深海洋节点地震仪样机制造，实现从"0"到"1"的突破；渤海钻探完善关键核心技术攻关项目管理机制。2021—2022年5个公司级重大项目组织实施项目长揭榜挂帅、竞聘上岗，揭榜挂帅的项目长享受副处级待遇，充分激发企业创新活力。专利工作得到集团公司党组领导肯定。

（余本善）

【市场开发】 国内市场开发。2022年，中油技服深入贯彻集团公司市场营销工作会议精神，落实市场营销"二十四字"方针，坚持市场导向、客户至上，将市场作为生存之本，关联交易和非关联交易市场齐头并进。修订宣贯市场管理办法，落实"内内外"原则，保持现有市场格局，编制印发《2022年国内市场管理工作要点》，明确年度工作目标和5类19项重点工作。在全面保障内部市场的同时，主动开发国内外部市场，开拓亚美大陆、贵州页岩气、中国石化大牛地钻井等项目，实现收入109亿元、同比增长18%。长城钻探集团公司外部市场新签合同61.85亿元，同比增长442%，为历年最高；海洋公司新签海油工程三项设计合同，在中国海油市场收入占比45.7%，创历史新高。设置油田技术服务企业市场开发奖，对油气田企业设置一体化协作奖，激励各企业市场开发积极性和集团公司一体化优势发挥。集团公司国内服务保障率84%，同比提升3个百分点。

（秦晓亮）

国际市场开发。2022年，国际业务锚定高质量发展目标，优化调整海外市场布局，加强市场研判，坚持竞合共赢。海外新签合同额45.1亿美元，市场开发成效显著。打造规模效益市场，成功中标厄瓜多尔钻完井项目、印度OBN采集项目、科威特3钻4修等一批大额合同，进一步巩固厄瓜多尔、阿联酋、伊拉克等10个规模效益市场。突破新市场新业务，开发印度尼西亚国家石油公司钻井，埃及壳牌钻井，阿尔及利亚国家石油公司测试、测井等多个新国家新业务市场，长城钻探重返墨西哥和利比亚市场。推进多元合作，出台《关于促进国际市场合作的指导意见》，强化与相关方的国际合作。西部钻探在哈萨克斯坦与当地公司合作，以联合体方式中标MMG公司5年期修井合同。长城钻探在墨西哥推行资产轻量化，以"自有+外部租赁"模式，与墨西哥国家石油公司签订4部钻机服务合同。渤海钻探推进与伊拉克IDC合作，实施150口井修井增产项目。川庆钻探在土库曼斯坦继3口续钻井项目后，再次促成修井、定向井和固井等三个技术服务项目落地。东方物探推进阿塞拜疆"物探联合体"建设。中油测井在印度尼西亚联合APS公司中标EMP公司5口总包项目，实现合作从集团公司单位到集团公司外部单位的延伸。市场结构持续优化，中东、非洲、中亚、美洲和亚太新签合同额占比分别为43%、18%、15%、12%和12%，中东的龙头地位更加突出，美洲、亚太市场迅速成长，非洲市场进一步向优质项目集中。

（沈婷婷）

【经营管控】 2022年，中油技服围绕落实"四大战略举措"，深化提质增效，经营管控能力不断提升。完善全面预算管理体系，强化业务和财务联动，三大计划衔接更加紧密，以超额完成集团公司任务目标为导向，强化责任传导，充分发挥预算引领作用，引导企业高质量发展。加强预算动态管控，按照"账面为正、完成预算、同比向好、均衡受控"的总原则，督导企业及时发现预算偏差，确保完成全年目标。持续强化资金紧平衡管理，发挥资金预算的引领、约束和管控作用，严格落实"以收定支、量入为出、存量管控"的原则，完善资金预警，建立月周滚动计划上报机制，坚决防范资金流断裂风险，资金运营能力显著增强。

提质增效效果显著，以"质""效"双增、价值创造为主线，实施"八项增效工程"，梳理降低百元收入营业成本"三方面二十条"措施，重点推进一体化统筹、改革创新、对标管理提升、"四提"工程等工作，强化过程监督，确保措施落地、有效执行、成效明显，全年增效33亿元，百元收入营业成本92.8元，创历史最好水平。"两利四率"指标持续改善，低成本竞争实力持续增强。继续坚持将亏损治理和法人压减同安排、同部署，保持高压态势，落实精准治理要求，坚决退出扭亏无望法人，抓好动态管控。实现全级次子企业亏损户数和亏损额硬下降，亏损额同比减亏1.1亿元，亏损户数同比减少4户。优化股权布局，制定专项奖励政策，激发企业压减积极性，全年压减法人7户，超额完成集团公司下达指标。

关联交易结算创历史最好水平。在集团公司党组关心推动，以及总部相关部门和油气新能源公司的支持协调下，自由现金流10.3亿元，中油技服成立以来首次由负转正，实现"三个清零"：达到结算条件的2021年底合同资产"清零"、2022年开票挂账应收账款"清零"、达到结算条件的装备制造企业欠款"清零"。

（王玮瑜）

【生产组织运行】 精益生产管理举措。2022年，中油技服加强同油气新能源公司沟通对接，协调落实工作量、队伍资质等相关事宜，发挥在川渝、塔里木、长庆等重点区域协调领导小组作用，统筹调配资源、优化作业工序、压缩非生产时效、实施挂图作战等措施，助力重点区域增储上产。川渝地区对标国际油服作业水平开展100小时内故障专项治理，旋转导向完成进尺21.8万米，同比提高124.4%，单串进尺、服务保障率分别同比提高11.5%、48%；100小时内故障率下降31%。编制完成维保修共享实施方案，聚焦钻机、压裂机组、连续管作业机、旋转导向、井控装备等11类主力装备，统筹管理和维护保养力量，实现装备全生命周期质量最优、成本最低的目标。形成全产业、全共享、全保障、全提升的"四全"服务保障模式，开展区域等停专项治理工作，钻机、压裂装备动用率分别为90.3%、88.4%，同比提高12.1个百分点、3.6个百分点；钻井、压裂等停时间分别同比减少2736天、968天。塔里木地区针对钻井工期不合理、定额缺项、定额不足等问题，确定"资源共享、工序优化、应包尽包、提速增效、周期优化、合理定价"6方面思路，开展钻井总包试点工程，确定总包井19口，签订合同11口，增收3833万元，平均单井合同费用增加348万元。推广应用渤海钻探BH-VDT垂直钻井工具，进尺3.78万米，同比增长101%；服务保障率25%，同比提升40.5%。长庆地区推进盐下钻试总包工程，编制盐下高含硫井钻井、试气管理指南，施工6口井，完井3口。

优化队伍结构布局。聚焦长庆、塔里木和川渝等重点地区，配置区块专打队伍，每个区域部署1—2家钻探企业实行专打，区域专打局面基本形成，有效提高作业效率。发挥各项目部基地支持保障作用，川渝等重点区域形成2小时生产保障圈，塔里木区域形成2小时应急保障圈，测井、射孔单井平均作业时间分别同比下降30.2%、25.8%。

开展劳动竞赛。在川渝、塔里木等重点地区开展井筒工程效率提升劳动竞赛，实行月通报、季考核、年兑现，持续激发全员提速提效的积极性和创造性。长庆、川渝、塔里木地区单队作业效率分别同比提高14.34%、22.9%、15.3%。组织开展长庆气井带压作业"保安全、提质量、促进度、争先锋"专项劳动竞赛，确保安全平稳高效完成保障任务。

（秦晓亮）

【"四化"建设】 2022年，中油技服落实重点区域"五统一、六共享"要求，推进"四化"建设工作，钻机、压裂车组等重点关键装备电动化、自动化水平持续提升，清洁能源替代有效推进，一线作业环境得到显著改善，装备服务保障、市场竞争和创效盈利能力持续增强，助力中油技服装备技术和管理能力高质量发展。

主力装备电动化加速推进。加大电代油钻机配置和推广力度，年初设立"四化"建设项目鼓励督导开展电代油改造，多措并举协调电网资源，因地制宜开展电动钻机、机械钻机、MCC等各类电代油模式，川渝、塔里木、新疆、长庆等重点区域的应用量均保持高位。全年有465部电代油钻机规模应用，同比增加105部，占国内钻机总量的40%，钻井用网电15.6亿千瓦·时，替代柴油38.8万吨，完成4351工作台月。电驱压裂装备初具规模，动用电驱压裂202台、约100万水马力，电驱混砂、仪表、供液、混配、输砂等广泛投入应用，全井场成套电驱装备日益成熟且深受基层欢迎，压裂用网电1.5亿千瓦·时，替代柴油3.6万吨，完成压裂8278段。2022年清洁能源替代成效显著，使用网电17亿千瓦·时，同比增长45.3%，替代柴油42万吨，同比增长30.8%，节约成本12亿元，同比增长94%，为集团公司双碳目标的实现贡献技服力量。

钻井、压裂自动化日臻成熟。自动化钻机成为勘探开发核心主力装备，一线现场操作日趋熟练，强化参数能力、设备可靠性、作业效率均大幅度提升，打出亚洲最深井、最长水平井等系列重要指标。人员配置更加精干，自动化井队减人4—6人。2022年增加新购和改造的自动化钻机11部，自动化钻机总量300部，实现规模推广应用，其中国内290部，占国内钻机总量的25%。一键式人机交互自动化钻机现场试用，为自动化钻机再添"利器"；电动猫道、电动吊卡等新型装备进入现场试用，二层台机械手、钻台面机械手、铁钻工等自动化装备性能更加先进可靠；电驱压裂泵自动监测、远程控制等系统研发并投入应用，混砂、仪表、供液、输砂、供水系统实现集成且操作少人化，压裂装备自动化水平大幅提升；自动化带压作业修井机完成样机试制，作业方式更加安全。自动化装备的快速发展、广泛应用和普遍接受，将为中油技服装备高质量发展夯实坚实的资源基础。

（赵　琳）

【地球物理勘探】　人员、队伍状况。2022年，物探专业用工2.4万人，各类队伍197支，其中地震作业队164支、非地震作业队22支、VSP队11支（表1）。

表1　2022年集团公司物探队伍及动用情况

项　目		2022年	2021年	同比增减
在册队伍（支）		197	197	0
其中，地震作业队		164	164	0
非地震作业队		22	22	0
VSP队		11	11	0
动用各类作业队伍（队次）		235	235	0
国内，	地震队	116	123	−7
	非地震队	24	23	1
	VSP队	9	9	0
国外，	地震队	55	46	9
	非地震队	17	17	0
	VSP队	2	0	2

装备状况。2022年，有地震遥测仪器172台（套），主机控制单元172个，总道数172.13万道。其中：国内地震遥测仪器94台（套），总道数80.76万道；

国外地震遥测仪器 78 台，总道数 91.37 万道。重力仪 13 台，磁力仪 20 台，电法仪 523 台。数据处理计算主机 5466 台，CPU11865 个（包括单核、双核、四核、八核 CPU，共 127966 核），GPU520 个（共 1721600 核）。资料解释计算机主机 1010 台，CPU1957 个（包括单核、双核、四核、八核 CPU，共 17968 核），GPU24 个（共 18432 核）。磁带机 73 台，绘图仪 61 台。可控震源主要有 8 种型号 694 台，同比增加 12 台。车装钻机有 43 种型号 965 台，人抬钻机有 11 种型号 1373 台（套），推土机有 12 种型号 214 台。各类物探测量仪器共计 2927 台（套），其中卫星定位仪 2206 台、卫星导航仪 379 台、全站仪 342 台（表 2）。

表 2　2022 年集团公司地球物理勘探装备情况

项　目	2022 年	2021 年	同比增减
地震仪器（台/套）	172	174	-2
主机控制单元（个）	172	174	-2
总道数（万道）	172.13	167.1	5.03
平均每台仪器（道）	10000	9605	395
采集站（万个）	105	108	-3
非地震仪器（台）	556	556	0
其中，重力仪	13	13	0
磁力仪	20	5	15
电法仪	523	536	-13
磁化率仪	0	2	-2
资料处理计算机	1.18 万个 CPU（12.8 万核）	1.39 万个 CPU（12.77 万核）	减少 0.21 个 CPU（增加 0.03 万核）
资料解释计算机	1957 个 CPU（17968 核）	1971 个 CPU（17546 核）	减少 14 个 CPU（增加 422 核）
可控震源（台）	694	682	12
车装钻机（台）	965	1058	-93
人抬钻机（台）	1373	1433	-60
推土机（台）	214	218	-4
物探测量仪器（台）	2927	2998	-71
其中，卫星定位仪	2206	2262	-56
卫星导航仪	379	389	-10
全站仪	342	347	-5

地震采集工程。2022年，二维地震采集3.78万千米，三维地震采集8.04万平方千米（表3、表4）。

表3　2022年集团公司二维地震、三维地震采集情况

项　目	2022年	2021年	同比增减
二维地震采集（万千米）	3.78	3.45	0.33
其中，国内	0.91	0.91	0
三维地震采集（万平方千米）	8.04	8.65	−0.51
其中，国内	2.32	2.15	0.17

表4　2022年集团公司国内外物探野外采集工作量

	项　目	2022年	2021年	同比增减
国内勘探	二维地震施工（队次）	39	38	1
	生产记录（万张）	45.96	41.51	4.45
	地震剖面（万千米）	0.905	0.91	−0.005
	三维地震施工（队次）	77	85	−8
	生产记录（万张）	345.5	402.10	−56.6
	采集工作量（万平方千米）	2.32	2.15	0.17
	VSP工作（队）	9	9	0
	VSP测井（口）	272	336	−64
国外勘探	二维地震施工（队次）	13	13	0
	生产记录（万张）	199.31	159.33	39.98
	地震剖面（万千米）	2.88	2.54	0.34
	三维地震施工（队次）	42	49	−7
	生产记录（万张）	4716.65	4980.44	−263.79
	采集工作量（万平方千米）	5.72	6.50	−0.78

地震资料处理。2022年，处理二维地震剖面78595.78千米，同比减少43721.72千米，下降35.7%；处理三维地震资料178579.7平方千米，同比增加820.19平方千米，增长0.46%。

资料解释及综合研究。2022年，解释二维地震剖面13419条、697690.07

千米，同比减少 57207.45 千米，下降 7.6%；解释三维地震区块 799 个、455520.57 平方千米，同比减少 31508.06 平方千米，下降 6.5%；绘制深度构造图 3338 张，发现圈闭 7691 个，面积 78303.49 平方千米；复查圈闭 9306 个，面积 67228.41 平方千米；提供井位 11399 口，采纳井位 6149 口。

核心软件。(1) GeoEast 2022 的 4.1 版本发布，新增模块及功能 112 项，完善升级 52 项，在平台功能开发、OBN 数据处理、DAS-VSP 处理、双域 FWI 技术、智能化处理解释等关键技术研发方面取得重要进展；iEco 平台功能持续增强，形成人工智能高效开发环境，开发 Windows 平台版本，实现 GeoEast 社区上线运行，为下一步地球物理勘探智能化、Web 化和生态化发展奠定基础；OBN 数据处理方面形成较为完备的深水和浅水纵波 OBN 处理技术系列，并在北部湾、旅大和平湖等多个国内 OBN 处理项目中应用，取得良好的处理效果；研发陆地初至波 FWI、双域 FWI 等 10 项技术，特别是双域 FWI 技术获得壳牌公司的高度认可，并在 Leopard 海外高端处理项目得到应用。(2) DAS-VSP 处理研发方面形成 VSP 初至层析反演、振铃噪声压制等 12 项新技术，实现井中地震处理技术由 CDP 叠加向叠前偏移成像、二维向三维的两大技术跨越，助力井中业务交付能力取得本质提升；打造 AI 初至拾取、速度谱解释、断层预测、层位解释等前沿人工智能处理解释技术，初步形成 Smarter 人工智能处理解释软件，具备规模化应用条件。(3) KLSeis Ⅱ 地震采集工程软件系统 V4.0 持续完善，为阿联酋 ADNOC、阿曼 PDO、鄂尔多斯王窑、四川南充、平昌南、柴达木英雄岭等三维地震采集项目的高效运作和提质增效提供技术支撑。KLSeis Ⅲ 地震采集人工智能云平台研发稳步推进，初步搭建 AI 开发框架，完成采集作业推演软件主体功能的开发；研发 AI 高精度地震初至拾取软件 (Timer)，解决低信噪比地区初至拾取效率低、误差大、质量差等难题，应用超过 1200 万炮，拾取精度超过 95%，为初至高精度快速拾取提供新工具。(4) 研发海洋地震勘探生产信息管理系统 MegaShare，在土库曼斯坦龙油三维 OBN 项目中应用，实现生产日报的一键生成；新研发表层建模软件 YansMCT，解决复杂区地表建模与静校正难题，在山地、沙漠、黄土山地、戈壁等地区的应用中取得良好效果。

装备研发。(1) eSeis 节点仪器升级版研究取得新进展，研制新一代分体式节点采集站 eSeis Neo，创新采用双电源电路设计，重构固件系统，优化软硬件配置，整体稳定性大幅提升，功耗下降 30%；完成 GISeis-NodeQC 功能开发，实现 300 米高空无人机质控。初步实现地震数据共检波点连续道集生成和震源连续施工模式下的地震数据互相关生成等特有功能。海洋节点仪器关键技术研发取得新突破，研制 2000 米压电检波器样机，芯片级原子钟的原子气室、真空封装、悬梁臂等关键核心部件取得突破，功耗180兆瓦，接近国际先进水平；3000米深海节点地震仪完成样机试制，攻克高精度数据记录、姿态校准等核心技术难题，具备批量生产技术及条件，指标参数达到国际先进水平。（2）智能化地震队系统研发应用取得新成效，系统架构由原来的整体式向微服务转变，推出统一的API接口平台，实现与其他应用系统间的数据共享，成功打造智能化地震队系统生态圈；优化通信技术，推出LoRaMESH技术，拓宽通信距离及通信节点，实现工区内自组网全覆盖，有效降低组网成本。创新研发GISeis-Map模块，系统全面兼容北斗三代卫星平台，实现生产任务智能规划、自动分发、生产资源合理调配。气爆横波矢量震源开展首次试验，初步完成横波激发模型建立。（3）创新研制全球首艘DP浅水OBN特种勘探船，具备节点收放、震源激发一体化作业能力，填补行业同类勘探装备的空白；海洋节点收放系统突破机器人辅助自动挂接和分离、挂点视觉判别及定位等关键技术瓶颈，挂接与分离准确率90%以上，OBN作业效率进一步提升。

物探技术集成配套。（1）开展陆上大道数节点高效采集技术攻关，形成5万道级大道数节点高效激发、作业管理系统、野外及室内质量控制方法和软件，在阿曼PDO项目应用173.8万炮，平均采集日效2.4万炮，最高日效2.8万炮；G3i仪器高效混采配套功能不断完善，在沙特阿拉伯项目应用中对比SN508仪器的采集效率稍高，超出预期10%—20%。（2）聚焦五大盆地高效勘探要求，打造"三标工程"，推进勘探项目高质量运行。在四川盆地，强化"碳酸盐岩、致密油气、页岩油气"领域技术攻关。梓潼、自贡东等三维地震项目推行智能化、信息化技术；研发基于高精度遥感信息的物理点AI自动布设技术，助力地表障碍物智能拾取精度达到90%以上。在鄂尔多斯盆地，聚焦"奥陶系深层盐下、致密油气立体勘探、致密油高效开发、盆地基础研究"四大领域开展技术攻关。地震采集项目全面应用VPM+SSC智能激发系统、智能化地震队、AI人工智能拾取等新装备及技术；攻关形成黄土山地激发点位均匀布设、万亿字节（TB）级海量数据高效现场处理等标志性技术，有效提升原始资料品质；针对油藏开发研发uDAS-VSP井地联采设计、处理以及偏移成像等16项创新成果，获得高质量3D-VSP道集资料，为后续成像处理及薄储层预测、油藏精细描述等工作奠定坚实基础；开展"双高"处理解释一体化配套技术攻关，获得高保真高分辨率数据体，频宽拓宽8赫兹，有效支撑天环凹陷区带长8地质储量提交，推动2023年西缘复杂构造带银洞子等三维地震部署。在塔里木盆地，重点围绕"巨厚黄土、断融体、致密油气"勘探领域进行技术攻关。创新塔西南巨厚黄土区浅表层激发井深优化设计，改变激发深度越深越好的传统观念，支撑甫沙三维钻井总进尺减少29万米；创新台盆区基于目的层反射能量和背景噪声关系的邻炮干扰评价方式，大幅缩小放炮间隔，有效采集时间提升20%以上；优化形成基于MVSP的沙漠区近地表Q值调查标准工艺和流程，实现钻井工作量和检波器使用量的"双降"，为玉满三维双井控Q补偿处理提供精准数据。在准噶尔盆地，重点开展"南缘复杂构造、腹部深层石炭系"两大领域技术攻关。石西101井区打造三维"两宽一高"升级版，覆盖密度806.4万炮道/千米^2；采用基于T-D曲线优化的动态滑动高效采集技术，最高日效6819炮，创造准噶尔盆地腹部大沙漠区采集日效双纪录；三维地震新资料低频信息丰富，信噪比显著提高，石炭系成像质量大幅提升，地层结构清晰，指导沿石西和莫北凸起的岩体目标和断块目标实现，完钻的石西19井、石西21井，油气显示活跃。在柴达木盆地，强化"页岩油、天然气"领域物探技术攻关。创建高原智慧化平台，集成及研发激光LiDar技术、T-D规则井炮激发系统、复杂山地全节点采集、PPK+可控震源等多项新技术、新方法，英雄岭复杂山地覆盖次数均匀性提升至93%，实现生产项目的高效高质量运作；采用长排列、小面元、宽方位、高密度和高保真采集，有效保证浅中深层资料的信噪比和频宽；强化"真"地表TTI叠前深度偏移处理解释一体化攻关，牛东基岩圈闭和干柴沟、红沟子斜坡区低幅度构造得到准确落实，助力阿尔金山前部署的牛171井获高产气流。

（吴志伟）

【钻井】 2022年，中油技服认真贯彻落实集团公司工作会议精神，坚持地质工程一体化，重点推进深层超深层和非常规油气钻井提速，技术服务水平持续增强，服务保障能力不断加强，钻井技术工作实现新跨越。

队伍与装备。动用钻井队伍1361支。其中，国内1141支，包括集团公司内1128支，集团公司外13支；国外220支，包括集团公司内87支，集团公司外133支（表5）。钻井顶驱622台，单闸板、双闸板、环形等防喷器5217台，控制系统1921套，节流压井管汇2271套，地质导向仪器155套/307串，固井水泥车709台（表6）。

钻井市场分布。国内市场主要包括大庆、吉林、辽河、华北、大港、西南、长庆、新疆、塔里木、青海、冀东、玉门、吐哈、浙江等地区。国际市场主要包括中亚、中东、非洲、美洲等地区，主要集中在伊拉克、哈萨克斯坦、阿尔及利亚、乍得、巴基斯坦等国家。

完成工作量。2022年，中油技服钻井队伍在国内外市场开钻9855口，完井9803口，钻井进尺2444.58万米。其中，国内集团公司内开钻8579口，完井 8546 口，钻井进尺 2150.50 万米；国内集团公司外开钻 249 口，完井 238 口，钻井进尺 75.78 万米；国外集团公司内开钻 325 口，完井 316 口，钻井进尺 74.57 万米；国内集团公司外开钻 702 口，完井 703 口，钻井进尺 143.74 万米（表 7）。

表 5 2022 年中油技服钻井队数量

项　目	2022 年	2021 年	同比增减
钻井队数量（支）	1361	1213	148
国内钻井队数量（支）	1141	975	166
其中，集团公司内	1128	954	174
集团公司外	13	21	−8
国外钻井队数量（支）	220	238	−18
其中，集团公司内	87	83	4
集团公司外	133	155	−22

表 6 2022 年中油技服主要装备统计

装备名称	2022 年	2021 年	同比增减
顶驱（台）	622	613	9
防喷器（台）	5217	5296	−79
控制系统（套）	1921	1964	−43
节流压井管汇（套）	2271	2937	−666
地质导向仪器（套/串）	155/307	159/309	−4/−2
固井水泥车（台）	709	688	21

主要技术指标。完成井平均井深 2479 米，同比增加 123 米；平均建井周期 31.14 天；平均钻井周期 21.8 天，同比基本持平；平均机械钻速 14.45 米/时、钻机月速 2837 米/（台·月），分别同比提高 6.5%、4.6%。

工程质量。井身质量合格率 99.92%；固井质量合格率 99.74%；取心进尺 15793 米，收获率 96.34%。

优质工程。阜 53 井完钻井深 5810 米，钻完井周期 54 天，较设计工期节约 26.4%，刷新阜康凹陷最短钻完井周期纪录；莫 28H 井克服高压、高温等困难，以 5123 米创新疆油田垂深最深水平井纪录，同时创造区块三开水平段平均机械钻速最快、工期最短、首次采用高密度油基钻井液、控压固井新技术等多项施

表7 2022年中油技服钻井队伍工作量完成情况

项　目	2022年	2021年	同比增减
开钻（口）	9855	9740	115
其中，国内集团公司内	8579	8796	-217
国内集团公司外	249	212	37
国外集团公司内	325	225	100
国外集团公司外	702	507	195
完井（口）	9803	9602	201
其中，国内集团公司内	8546	8678	-132
国内集团公司外	238	203	35
国外集团公司内	316	225	91
国外集团公司外	703	496	207
进尺（万米）	2444.58	2311.18	133.4
其中，国内集团公司内	2150.50	2084.25	66.25
国内集团公司外	75.78	64.53	11.25
国外集团公司内	74.57	49.34	25.23
国外集团公司外	143.74	113.06	30.68

工纪录；葡探1井完钻井深7150米，创吐哈油田最深井纪录；陵探1井采用直径660毫米和444.5毫钻头分别钻至605米、3115米，创吐哈油田大井眼最深、吐哈油田339.7毫米技术套管下深最深、内插固井工艺施工最深井三项纪录；富源6井完钻井深7736米，钻井周期108.8天，较设计周期提前65.3天，创富满区块水平井施工最短周期纪录；满深72井完钻井深8088.67米，钻完井周期163.21天，较设计周期提前30.79天，创满深区块最短钻完井周期纪录。足203H8-2井井深7020米创长城钻探钻井最深纪录；集团公司风险探井纳林1H井以井深5062米刷新国内煤层气水平井井深最深纪录；兴华1-131X井井深5095米，钻完井周期27.79天，创造巴彦淖尔区块钻完井周期最短纪录；兴华1-15X井完钻井深5092米，钻井周期18.17天，钻完井周期24.25天，再次刷新区块钻井、钻完井周期最短纪录。满深8井完钻井深8726.8米、垂深8331.9米，创集团公司水平井垂深最深纪录；满深10井完钻垂深8641米，刷新集团公司定向井垂深最深纪录；兴华601井完钻井深5075米，钻井周期15.08天，刷新集团公司5000米以深井钻井周期最短纪录；兴华11-5X井完钻井深5880米，钻井周期23.96天，刷新集团公司5500米以深井钻井周期最短纪录；兴华11-4井完钻井深6192米，钻井周期36.54天，刷新集团公司6000米以深井钻

井周期最短纪录。双鱼 001-H6 井安全钻至井深 9010 米完钻，创造中国陆上最深气井纪录；德探 1 井完钻井深 7660 米，完钻周期 316.72 天，创蓬莱气区六开井最快完钻纪录；富源 3-H3 井完钻井深 8136 米，完钻周期 116.02 天，完井周期 118.27 天，创井深大于 8000 米井最快钻完井周期纪录；蓬深 6 井钻至灯影组二段井深 8358 米完钻，创集团公司四川盆地直井最深纪录。火探 1 井，三开单只钻头进尺 631 米，平均钻速 11.31 米/时，创该区块火石岭地层单只钻头进尺新纪录；徐深 3-平 3 井二开进尺 2834 米、日进尺突破 1000 米，平均钻速 16.7 米/时，比设计提高 67%，创松辽徐深气田二开日进尺、单只钻头完钻等多项高指标；徐深 6-平 6 井，创营城组水平段日进尺 101 米最高纪录。

水平井施工再创佳绩。MHHW14010 井水平钻进单日进尺 182 米，趟钻进尺 595 米，刷新玛湖 401 区块三开水平井段最高日进尺及趟钻进尺纪录；AHHW2061 井、AHHW2062 井连续刷新艾湖 2 区块完钻工期纪录；JHW58-44 井钻机月速度 7519.48 米/（台·月）等佳绩，创造区块完钻、完井最好指标；JHW72-11 井完钻井深 6030 米，水平段长 2235 米，分别以 19.96 天、24.5 天、9063 米/（台·月）、2820 米和 23.3 米/时创区块钻井周期、完井周期、钻井月速度、趟钻进尺和机械钻速等五项纪录，72 号平台刷新钻完井周期等 10 余项纪录；吉 703H 导眼井钻井周期 63.15 天，造斜、水平段实钻周期 50.26 天，创吉 7 区块导眼井、深层水平井周期最短纪录；西南油田气田黄 202H6-5 井钻井周期 95.40 天，实现中油技服钻井周期 105 天的奋斗目标，刷新黄 202 区块最短钻井周期纪录；风西致密油开发先导试验平台井风西Ⅱ4-7 井完钻井深 4769 米、钻井周期 25.8 天，风西Ⅱ4-3 井完钻井深 4697 米、钻井周期 25.8 天，连续刷新区块最短钻井周期纪录；风险探井佳南 1 井完钻井深 4787 米，水平段长 2211 米，水平位移 3065.60 米，直径 139.7 毫米完井套管下至 4778.81 米，创造国内深部煤层钻井水平段最长、位移最大和完井套管下入最深纪录；召 51-27-34H6 井完钻井深 3954 米，刷新苏里格区域二开水平井最短钻井周期、最短水平段用时和最快机械钻速纪录。古巴 CMN-100RE 井，完钻井深 7580 米，水平位移 6794 米，水垂比 4.17，难度系数 DDI 为 7.4，使用螺杆动力钻具在 7280 米成功定向，刷新一体化服务承钻陆上最深、水平位移最大、水垂比最大、DDI 难度系数最高、螺杆常规动力工具定向施工最深 5 项纪录；威 204H21-5 实现水平段旋导一趟钻，进尺 2264 米；威 202H35-5 井完钻井深 5850 米，水平段长 2120 米，钻完井周期 45.33 天，刷新 2000 米以上水平段钻完井周期最短纪录；自 215H1-2 井井深 6320 米，水平段长 1980 米，钻井周期 67.12 天，创区块钻井、钻完井、日进尺最高、"一趟钻"等 11 项纪录；阳 101H65-6 井实现

"造斜+水平段"一趟钻，单趟进尺2821米，水平段长2320米，刷新区块最长水平段、四开单趟钻最高进尺两项纪录。官页5-3-6H井完钻井深6118米，创大港油田水平井井深最深纪录；官页5-1-4H井完钻井深6126米，钻完井周期56.08天，水平段长2091米，创大港油田三开水平井钻完井周期最短纪录和水平段最长纪录；官页5-1-5H完钻井深5956米，水平段长1853米，钻井周期38.96天，钻完井周期46.38天，刷新大港页岩油5500米以深水平井钻井周期、钻完井周期最短纪录；宁209H47-12井水平段长1700米，机械钻速40.85米/时，创长宁区块水平段最高机械钻速纪录；郑试76平-15-5L井创华北油田煤层气L形水平井单支水平段最长（1276米）、纯煤进尺最多（1261米）、水平位移最大（1710.34米）三项纪录。阳101H75-4井钻进至井深5690米完钻，旋导钻进"造斜段+水平段"两趟钻完钻，平均机速8.17米/时，铂金靶体钻遇率76.1%，215.9毫米井段钻井周期24天，全井钻井周期57.94天，刷新泸州区块深层页岩气全井钻井周期纪录，比同区块最优钻井周期指标缩短9.86天；秋林221-8-H2井取得单趟钻进尺3570米最高新纪录；富源3-H3井完钻井深8136米，完钻周期116.02天，完井周期118.27天，创中国陆上井深大于8000米井最快钻完井周期纪录。完成古龙页岩油水平井34口，平均井深5155米，进尺17.5万米，平均钻速28.51米/时，平均钻完井周期32.5天，同比钻速提升5%，钻完井周期缩短3.73天。其中，1205队GY3-Q1-H3井创出完钻井深5399米、三开一趟钻单趟进尺3334米的新纪录。

钻井液技术快速发展。XZ高性能水基钻井液在吉木萨尔推广应用29井次，助力吉3801-1H井、吉3801-4H井、吉新2-2H井和吉阜101H井等顺利完井。XZ高钙基钻井液技术进一步完善，研制出核心处理剂抗钙降滤失剂（直链聚合物降滤失剂XZ-KG1、支链状聚合物降滤失剂XZ-KG2），对配套的护胶剂、包被剂进行优选，对配套的封堵防塌性能、颗粒封堵剂性能进行评价，形成一套不同密度在钙离子浓度5000毫克/升条件下的高钙钻井液体系配方。油基钻完井液服务保障能力进一步提升，通过强化封堵材料级配、合理调整封堵粒径分布、强化携岩及高温稳定性，保障阜康凹陷阜52井、阜53井、阜54井机械钻速分别提速44.9%、26.4%、33.98%。GWHP-FLEX®高性能水基钻井液技术在辽河油区高效完成集团公司CCUS重点项目双229区块首轮14口井施工，其中双229-37-61井完钻井深4045米，钻井周期12.63天，较设计周期提前8.37天，二开井段平均机械钻速29.48米/时，全井平均提速39.85%，创双229区块钻井周期最短、机械钻速最高纪录；在尼日尔Agadem区块，保障Dibeilla-NH-6、Dibeilla-NH-8等6口水平井顺利施工；在印度尼西亚Jabung区块完成

GEMAH-69、PANEN D12 等 4 口井,平均钻井周期环比下降 10%,创造区块最快平均机械钻速和最短钻井周期纪录,赢得甲方的高度认可。GW-AMO 油基钻井液技术保障威远自营区块、泸州区块、自贡区块(吉林流转)、重庆大足区块、贵州正安区块、洛克项目(绵阳)、吉康油田萨探 1 块、古巴项目等水平井的安全、顺利施工。BH-WEI、BH-KSM 和 BH-OBM 等特色钻井液体系应用 267 口井、进尺 95.96 万米,完成华北油田泗探 1X、青海油田祁探 1、英雄岭先导试验平台井、狮新 56 向、柴平 4、牛 171、千探 1、千探 2、沧东页岩油官页 5 平台井、福山油田福海 1X 等井施工。以复合抑制技术为核心,提高钻井液防塌能力,降低钻井液密度,实现蓬莱气区上部井段、苏里格水平井等重点区域钻井提速;以塑性粒子 + 纤维封堵构成钻井液多元封堵技术核心,结合优质流变性和大排量洗井,有效降低故障复杂发生。依托"井漏预防与堵漏新技术研究与试验"专项,针对不同的漏失特征,推广刚性颗粒 + 桥浆复合堵漏技术、固结堵漏技术、凝胶 + 纤维水泥等多种组合式治漏技术方案,在川渝地区堵漏 410 次,一次堵漏成功 261 次,一次堵漏成功率 63.66%,同比提高 6.43%,川渝地区完成万米漏失量同比下降 27.32%,井漏复杂时率同比下降 28.59%。开展古龙页岩浸泡强度劣化、场发射扫描电镜、水相活度和驱替实验研究,明确伊利石表面水化产生的强水合斥力为古龙页岩井壁失稳的主要诱因,利用多场耦合三轴试验仪开展岩石抗压强度测试,创建钻井液耦合作用下页岩破坏演化理论模型,实现井壁稳定定量分析,优选出与油基钻井液配伍性良好,粒径 0.5—10 微米的凝胶微球,可提高页岩承压能力 8—15 兆帕以上,实现井筒强化。针对松辽盆地深部复杂地层高温易恶化钻井液难题,开展水基钻井液抗高温机理分析、配浆材料优选评价、钻井液体系配方研究等工作,明确高温对配浆材料的影响规律及其内在关联,形成弱温敏性黏土造浆—多重分子量聚合物护胶—高温稳定剂增效的钻井液技术对策,构建抗 220℃高温复合盐钻井液基础体系,实现松辽盆地深井 / 超深井高温地层钻井液性能稳定。

固井技术助力井筒质量提升。针对窄密度窗口、多压力系统、压力敏感性地层固井,在精细控压钻井技术的基础上研究出水平井"通天"套管精细控压固井技术,应用 16 口井,下套管漏失率由 33.3% 下降为 0,固井合格率由 33% 提高至 93.7%。MHHW14010 井开展水平井"精细控压 + 泡沫水泥浆"固井试验;DaHW1506 井通过配合精细控压设备及软件监控,创新采用固定过渡环技术,解决控压下常规"通天"套管难题,实现全程安全固井,创集团公司水平井精细控压下常规"通天"套管 5881 米最深固井纪录。基于润湿反转理论科研攻关形成高效驱油前置液体系,清洗效率 90% 以上,在吉木萨尔页岩油现场应用 50 井次，实现 3000 米以上水平段固井质量优质。针对川渝、塔里木等深层超深层油气井封固段长、上下温差大，原有高密度水泥浆候凝时间长、顶部强度发展缓慢易导致喇叭口产生气窜的技术难题，通过技术攻关研发高温缓凝、低温早强的大温差水泥浆体系，顶部水泥石强度高，提升深井、超深井固井长期密封完整性。致力于旋转套管固井工艺的攻关研究，完成水泥头整体结构设计、加工装配、室内试验、旋转测试，并在页岩气威 204H20-2 井完成首口旋转套管固井现场试验，各项参数完全符合现场安全施工要求，打破国外同类产品的技术壁垒。设计水泥车数据采集管理平台数据库表结构模型，建设固井工程作业智能支持中心，推进固井专业向数字化、信息化、智能化转型。针对辽河稠油热采井井筒长期完整性开展技术攻关，形成热响应水泥浆体系，在辽河油田杜 813-42-78 等 3 口井中成功应用。应用 BH-PVA、BH-PAM、BH-HTC 等公司特色固井水泥浆体系 435 井次。在吉林油田、大庆油田及巴彦油田进行韧性水泥浆体系现场试验 20 余口井，固井质量同比提高 1.87 个百分点。天湾 1 井 139.7 毫米 +168.3 毫米尾管下深 8166 米，创新疆油田该尺寸套管固井最深纪录；满深 10 井 196.85 毫米尾管下深 8333 米，刷新塔里木油田该尺寸尾管固井井深最深纪录；林探 1 井 139.7 毫米套管固井刷新冀东油田温差最大（135℃）和一次上返封固段最长（5961 米）纪录；南堡 2-90 井 114.3 毫米小间隙超高温尾管固井，刷新冀东油田固井井温最高（井温 203.5℃）、114.3 毫米尾管封固段最长（1260.95 米）纪录，填补冀东油田潜山地层尾管固井施工空白。足 203H2-1 井完钻井深 7318 米，139.7 毫米套管下深 7314.98 米，采用常规固井工艺，水泥浆一次性返出地面，创集团公司一次封固段最长纪录。研发出系列防侵扰水泥浆体系，体系静胶凝过渡时间短、早期强度高、抗侵蚀能力强，现场应用 37 口井，水层段封固质量合格率 96.8%，有效提升地层水活跃区块固井质量。开展水泥浆降摩阻机理研究，研发出 1.25—1.35 克/厘米^3 耐压低摩阻水泥浆体系，体系耐压稳定性好、动摩阻低、早期强度高，现场应用 16 口井，封固段固井质量优质率不小于 96%，同比降低施工压力 3—5 兆帕。完成增强材料作用机理、无机有机材料优选以及各组分配比定性定量研究，研发出低密度复合增强材料，复配形成两种低密度体系，水泥浆强度增长率提高 30%—115%。现场应用 10 口井，封固段质量合格率 100%。采取区块统筹钻关、整体钻建的施工模式，依托"大完井"理念，从精细化钻关、强化井眼准备、优化钻完井液体系等方面入手，优化界面增强剂、低温防窜水泥浆、高密度冲洗隔离液等技术措施的使用边界条件，制定区块固井施工模板。南一区（1795 口井）固井优质率 86.29%，同近三年提高 30.79 个百分点；南中西区块（444 口井）固井优质率84.83%，比近三年临近区块提高45.99个百分点。开展国内、国外市场固井技术攻关，针对祖拜尔技套多压力层系固井保障，陕晋煤层气固井易漏、易憋堵，川渝海相地层窄密度窗口、长封固段质量保障困难等开展固井技术攻关，潼南—合川区块完成3口井，封固质量均为优质，单井封固段优质率最低80%以上，合格率97.67%以上，创本区块同类井固井质量最好纪录；祖拜尔区块井 $9^5/_8$ 英寸技套固井质量明显高于哈里伯顿固井质量平均水平；陕晋煤层气井吉深13-6平03井全井优质率96.3%，吉深13-6平02井水平段优质率99.4%，连续刷新深8煤水平井固井质量最优纪录。

（杨建永）

【测井】 人员、队伍状况。2022年，测井专业用工总量14530人，同比减少419人。队伍总量956支，同比减少16支。其中：国内市场851支，同比减少1支；国外105支，同比减少15支，分布在17个国家和地区。

设备状况。有主要专业设备1135套，同比减少14套。其中：裸眼测井设备540套，同比减少41套；生产测井设备291套，同比增加6套；射孔取心设备254套，同比减少10套；LWD设备50套，同比增加11套。

工作量。2022年，测井采集工作量159064井次。其中：国内151181井次，同比增加13237井次；国外7883井次，同比增加1598井次。因井况、路况等原因造成测井未成功7956井次，占总工作量的4.76%，同比下降0.45%（表8）。完成探井测井解释处理工作量15万层、开发井测井解释处理工作量68万层；解释油层8.2万层、气层1.5万层；老井复查6825井次，复查发现油气层3078层。探井解释符合率88.52%，开发井解释符合率97.13%。

表8 2022年集团公司测井工作量

项 目	2022年	2021年	同比增减
工作总量（井次）	159064	144229	14835
其中，裸眼测井	24170	20579	3591
生产测井	54211	50264	3947
工程测井	42419	36239	6180
射孔	38264	37147	1117
LWD	594	240	354
国内工作量（井次）	151181	137944	13237
国外工作量（井次）	7883	6285	1598
因故测井未成功（%）	4.76	5.21	−0.45个百分点

1. 测井技术

自主创新技术进展。(1)裸眼测井方面。CPLog 装备实现优化升级。攻克水平井非对称地层模型反演，创新三维感应水平井处理技术；打造并行模式的射频电路技术，成功研制宽频介电一体化探测器；完成八臂推靠器设计制造，形成油基电成像仪器快速处理算法；破解可控源地层元素阳极脉冲电路技术难题，形成高精度处理技术；改进方位阵列侧向关键电路，建立环境校正及成像处理模块。研制 200℃高/中/低速采集及处理测井芯片，并应用于岩性密度、阵列感应、数字声波、双侧向 4 种仪器，现场测井温度 192℃。研制形成 175℃ @200 小时直径 40 毫米高产额中子管，为绿色测井提供关键核心技术支撑；偏心核磁探头研制成功，实现二维谱数据采集。试验定型 230℃/170 兆帕直径 70 毫米超高温高压小直径测井系列仪器，创造多项施工应用纪录，KS1901 井测深 8011 米，QT1 井测井温度 213℃。FITS 过钻具阵列感应测井仪、过钻具偶极子阵列声波、自然伽马能谱仪器、阵列侧向仪器、过钻具微电阻率成像仪器研制成功，实现过钻具中子源舱一体化 3D 打印。175℃高灵敏度声波测井换能器实现产品定型和替代进口，205℃高灵敏度声波测井换能器完成标准井测井试验。(2)随钻测井方面。自主研制具备 30 米探边能力的随钻远探测样机，并配套研发刻度测试装置。创新远探边和前探等 4 项方法技术，以地质信号的测量精度为依据，首次提出地层界面分辨率定义，样机通过水面探边 30 米和前探 10 米测试验证，能够实现近到远多尺度地层电阻率及界面探测。随钻仪器复杂环境下的弱信号检测与解码等 4 项核心关键技术实现突破，满足现场作业需求。自主旋导装备完成产品定型，自主掌握产品设计与生产工艺，推出 CNPC-IDS 智能导向系统，集团公司成果鉴定认定为国际先进。创新设计近钻头电阻率成像测井方法及电极系，突破在 1 米钻铤上伽马、电阻率成像狭小空间高度集成等 3 项难题，实现近钻头双探边装备制造。融合工程技术全专业系列，建成地质工程一体化评价服务能力，开展钻前预判和设计、钻中联动调整、钻后模型迭代优化及压裂设计与监测等一体化评价工作，确保工程服务更好地支撑地质目的实现。(3)生产测井及测试方面。完成 CPLog 生产测井装备系列研制，形成包括注产动态、井筒完整性评价、剩余油评价、光纤测井四大系列 42 种测井仪器的完整套后装备系列。研发超小尺寸通用采集、井场多源数据永久监测等平台化技术，支撑小尺寸及智慧油田装备开发。实现 DTS、DAS、PLT 等中高端装备自主研发，全面掌握核心关键技术，并在超弱光栅、光纤声波接收阵列等方面进一步探索。在流动成像、CEST、连续式过套管、210℃压力计等领域实现多项关键技术突破，支撑装备工程化进程。研发形成新一代多层管柱电磁探伤技术，新增过油管检测套管变形及错断功能，纵向裂缝识别精度提高 60%。攻关试验 CCUS 测试技术，研制第三代单皮碗集流装置，解决超临界条件下点测流量录取技术难题。建设中国石油首家智能分注质量检验中心，持续改进检定设备、优化检定流程，年检定能力提升至 500 套。

新技术新工艺应用。远程测井规模应用，实现在基地完成现场测井装备操控和测井数据采集。远程测井与现场测井采集可同时进行，现场工程师和远程工程师均可采集记录测井数据，现场工程师具有控制优先权，2022 年远程测井作业 800 井次，具有远程测井功能 iWAS 地面系统换装 11 套。车载快速岩石物理实验室应用以全直径岩心核磁共振为核心的车载岩心快速实验装备，可在井场快速获取全直径岩心 20 余项关键参数，在低渗透储层 8 口重点井录取 303 米全直径岩心高分辨率二维核磁实验资料，为快速准确评价储层及含油气性提供新手段。CPLog 成像测井技术现场推广多点突破。3DIT 三维感应商业化应用 59 井次，为复杂储层和流体性质识别提供新手段。iMRT 偏心核磁完成 15 井次现场作业，在准确识别非常规油气方面效果突出。FITS 过钻具系列成为重点井和复杂井首选利器，作业 497 井次，以租代售哈里伯顿公司。完成光纤测井 65 井次，同时开展光纤传感实验室建设，完成自主地面系统研发应用，开发低碳无人值守光纤测井模块，实现"研发 + 服务"双突破，为油田增储上产、稳油控水提供技术支撑。完成连油 + 测井作业 101 井次，进一步满足油田需求。自主旋转导向系统作业能力持续提升。依托广汉、西安、大庆、新疆（建设中）区域维保中心逐步扩展应用范围。通过对地面系统、传输供电短节、主控测量电路进行技术升级，综合运用地质、工程数据，稳步提高下井仪器工作时长及作业进尺，为自有装备现场作业提供平台支撑。在应用中分析及优选井下钻具组合，仪器工作时长从 146 小时提升到 249 小时，仪器单趟作业进尺从 190 米提升到 674 米，形成区域应用模板。自主智能导向工具与长城 GW 随钻测井平台完成首口井现场作业，平均机械钻速 11.74 米 / 时，机械转速比使用螺杆定向时提高 2.5 倍；伽马电磁波仪器在青海油田、新疆油田小规模应用；方位电磁波仪器在榆林红柳林煤矿示范性作业，实现跨界应用；持续提升地质工程化一体化能力，在各钻探企业重点支持保障 26 个平台作业。设计压裂、压力监测一体化组合工具，完成致密油、转变开发方式试验区压裂监测评价 5 口井、303 个层段，识别出压窜异常层段 62 个。

2. 射孔技术

（1）"先锋"127 型超深穿透射孔器穿孔深度突破 2.2 米。2022 年 11 月 26 日，经美国石油学会 API 现场见证，"先锋"127 型超深穿透射孔器 API 标准混凝土靶穿孔深度为 2258 毫米，刷新全球同类型射孔器最高穿深纪录。（2）桥射联作技术 2.0 规模应用并入选集团十大科技进展。以"地面模块化装配、井口快速换装、全井筒高效输送、等孔径多簇射孔"为特点的桥射联作技术 2.0 入选 2022 年度集团公司十大科技进展，在非常规油气主力区块推广应用超 2000 口井。该工艺使射孔能力由单段 20 簇提升至 50 簇，同时降低水平井压裂破裂压力 5% 以上、提升加砂强度 10% 以上，有力支撑非常油气的高效勘探与效益开发。（3）超高温超高压射孔技术取得重大进展。研究并定型 89 型 245 兆帕/210℃/170 小时超高压射孔器、175 兆帕/210℃/170 小时水平井射孔器和 175 兆帕/230℃/72 小时超高温射孔器及全套射孔技术，满足 8000 米以深油气藏、超高温油气藏及超深小井眼水平井的射孔需求，进一步补全超高温超高压射孔技术序列，为下一步超 10000 米深井射孔技术攻关及作业奠定基础。245 兆帕射孔技术在 BZ1301、BZ1302 两口井成功开展先导性试验应用，成功率 100%；230℃超高温射孔技术在 QT1、QT2 等两口井得到成功应用，创造国内油传射孔施工温度最高 220℃纪录；175 兆帕超深小井眼水平井射孔技术推广至集团公司内部及中国石化等多个单位，解决勘探开发中遇到的水平井射孔难题；国内首次自主研发的 86 型定方位射孔器，解决长井段射孔定向与精确定方位的难题，在 PT1 井创造钻具传输定方位射孔国内最深 7430 米、温度最高 172℃纪录；在 LX1 井、PT103 井、PS3 井推广应用精确分段延时主动减震射孔技术 3 井次，解决高冲击载荷下射孔难题。（4）射孔弹制造自动化水平持续升级。实现射孔弹上料、印码、贴签、开封箱、码垛等全流程包装工序自动化，在减员增效同时提高生产线本质安全水平。实现药型罩厌氧胶的自动化喷涂，解决喷涂过程中的安全环保等问题，进一步提升射孔弹制造自动化配套水平。（5）研制高温高压工程复杂处理器材。形成最高耐压 160 兆帕、耐温 200℃的火工穿孔、切割及爆炸松扣技术，满足 8000 米以深井复杂处理需求。（6）去火工射孔高能电子激发起爆技术取得新突破。研制定型高能电子编码激发器，实现射孔非火工品点火的从无到有，最高耐温 150℃/4 小时，在 F14-12、F14-14、X268-19 等井完成 3 井次现场试验，点火成功率 100%。（7）去火工模块化电动坐封技术取得新突破。研制定型模块化电动坐封工具，推广应用 46 井次，成功率 100%。（8）打造射孔井下穿深检测技术。攻克孔道精准对位、深度准确测量两项关键技术，研制液力支撑器、孔深检测仪等 8 套装置，初步形成井下孔眼穿深检测技术。技术指标为检测精度 ±5%，最大测深 1500 毫米。现场成功试验 9 井次。

3. 测井解释评价技术

（1）创新实验方法，夯实解释基础。针对中国陆相页岩油、超深层碳酸盐岩等重点勘探领域，创新实验分析技术，在页岩源储特征规律、页岩油含油性和可动性实验方案、页岩储层可压性评价以及数字钻力学参数测量等方面形成新认识、新成果。（2）加大新技术应用和解释技术攻关力度。创新发展深层复杂碎屑岩评价技术、深化完善缝洞型储层评价技术、持续攻关页岩油气评价技术、丰富提升低阻油层识别技术，保障74口重点井勘探发现，乍得外围盆地增储超2000万吨。获集团公司油气勘探重大发现奖1项。（3）老井精细再评价助力老区挖潜。全力配合国内外20多个油气田，聚焦富油气区带，围绕主力层中薄差层、浅层非主力层、周缘过渡带，开展规模化老井再评价，助力老区增储上产，新增油气当量63.53万吨。（4）综合地质研究支撑海外勘探发现。开展测井—地震跨专业融合的综合地质研究，针对滨里海盆地东部缓坡带低幅度构造—岩性复合圈闭，研究论证5个目标均被采纳实施。（5）建立光纤、流动成像和微地震监测等套管井处理解释流程与标准。生产效率较过去提升50%以上，完成重点解释113口，新技术资料处理1195井次。（6）完善数据平台，挖掘数据价值。持续打造中国石油统一测井数据库，实现所有测井数据的全生命周期数据管理，促进多学科数据共享集成，2022年完成历史测井数据入库48万口，整体测井数据入库率94%；上线风险（重点）井专家支持系统，整合重点井解释评价业务流、数据流，开发协同支持平台，支持线上专家会诊，保障高效决策，管理500余口重点井相关资料；开发老油田评价挖潜一体化应用系统，助力老井再评价工作数字化升级，完成基本框架搭建和部分系统功能模块开发。

（邹 辉）

【录井】 人员状况。2022年，集团公司录井专业员工总数7145人，同比增加22人。

装备状况。主要录井技术装备3494台，同比减少626台，下降15.2%，总新度系数0.31。综合录井仪1367台，新度系数0.28，国内1223台，分布在16个油区；国外144台（集团公司内98台、集团公司外46台），服务于亚太、中亚、非洲、中东、美洲等地区的18个国家。其中：国产综合录井仪1334台，同比增加176台，增长15.2%，新度系数0.29；进口综合录井仪33台，新度系数0.08。

工作量。2022年，集团公司录井企业录井施工10867口井，同比增加716口井，增长6.6%。录井仪器（综合录井和气测录井）施工总天数417014天，同比增加79311天，增长19.0%。

录井技术进展与应用。2022年，各录井企业持续加大科技研发资金投入力度，开展各级科技项目170项，其中国家级项目2项、集团公司级项目11项、局级项目71项、处级项目86项。获奖成果100项，获得国家专利673项，发表论文95篇。特色录井技术方面。各录井企业应用常规录井技术的同时，加大三维定量荧光、地化录井、元素录井、伽马录井、岩心岩屑成像等特色录井技术应用，将特色技术采集的数据加入油气水解释评价中，依据各区域地质特点，开发出针对性解释评价技术和模板，极大提高岩性和层位识别、油气显示发现、地层水分析和储层评价能力，为勘探开发做出重要贡献。2022年，在651口探井上发现并评价油气显示127354.57米/19497层，符合率84.87%；在4281口开发井上发现并评价油气层830478.29米/139129层，符合率93.71%。工程录井技术方面。各录井企业充分发挥地质工程一体化作用，在实时监测钻井参数、及时报告工程异常的基础上，从地质角度深入分析可能存在的风险并采取相应防范措施，提前预告复杂层位和井控风险，降低钻井风险，节约钻井作业成本，确保钻井施工安全优快提速。全年集团公司所属录井企业共监测到工程异常45875次，其中钻具刺201次、泵刺119次、钻具断84次、井漏2643次、溢流263次、硫化氢异常100次，异常预报符合率99.99%，实现"早发现、早报告、早处理"的目标，助力高效勘探和效益开发快速推进。

（席云龙）

【井下作业】 人员、队伍状况。2022年，井下作业系统用工总量5.4万人，队伍1835支。按专业性质分类：压裂酸化队177支、试油队231支、大修队288支、侧钻队19支、小修队698支、测试队257支、带压作业队170支；按资质登记分类：甲级队428支、乙级队1226支、丙级队181支，甲乙级队伍占总数的90.14%。

装备状况。2022年，井下作业系统有修（通、钻）井机2237台，同比减少129台，下降5.45%。其中：车载修井机1547台，占总量的69.16%，同比下降5.67%；通井机650台，占总量的29.06%，同比下降6.47%；车载钻机40台，占总量的1.79%，同比增长29.03%。1000型以上压裂泵车1159台，共计253.3万水马力；2000型及以上压裂泵车1023台，占压裂泵车总量的88.27%。连续油管车141台，制氮车40台，液氮泵车58台，带压作业设备167套。

2022年，井下作业工作量8.13万井次，试油10505层。其中：国内井下作业工作量7.93万井次，试油6977层；国外井下作业工作量1996井次，试油3528层（表9）。

表9　2022年集团公司井下作业工作量

项　目	2022年	2021年	同比增减
井下作业工作量（万井次）	8.13	8.37	−0.24
其中，国内井下作业（万井次）	7.93	8.21	−0.28
国外井下作业（井次）	1996	1614	382
压裂（井次）	17369	16759	610
酸化（井次）	1610	1120	490
小修（井次）	55583	60393	−4810
大修（井次）	5452	5154	298
侧钻（井次）	295	288	7
试油（层）	10505	9783	722
其中，国内试油（层）	6977	6280	697
国外试油（层）	3528	3503	25

试油测试技术。川庆钻探持续推进超深井测试提速，推广通刮一体化工具、试油完井一体化工艺和桥塞封闭转层工艺，推广应用91井次，节约周期超200天；持续优化射孔测试联作管柱结构，推动故障复杂安全快速处理，应用94井次；持续开展试油重点技术攻关，研发 $6^{5}/_{8}$ 英寸—105兆帕测试封隔器、悬挂完井一体封隔器，现场应用4井次。西部钻探持续升级深井高温高压试油测试技术系列，通过改进井下测试工具性能、优化管柱组合与配置，不断升级多阀一封测试工艺，基本实现测试工具国产化；在天湾1井成功应用国产直径99毫米RD循环阀，创造国内测试最高地层压力171.78兆帕、最高井口流动压力123.36兆帕施工纪录。长城钻探针对海外苏丹、乍得等项目单井多层测试技术需求，研制适用于7英寸套管的电控分层测试工具，并形成一趟管柱分层测试工艺技术方案，提高地层测试作业效率、降低作业成本；针对高产气井燃烧时高辐射、高噪声带来的设备、人员安全隐患，研制适用于百万立方米产量的天然气燃烧器，以及适应燃烧温度1000℃以上、距离100米以上的远程自动点火系统，打造高产气井放喷配套设备体系。渤海钻探加快研发STV阀、程控式测试阀，形成深井STV测试射孔＋射流泵一体化技术，现场应用50余井层，试井资料录取成功率97%；研发"负压四阀一封"技术，实现超深井常压储层负压射孔测试，在兴华5井成功应用3层。

压裂酸化技术。川庆钻探持续革新以"多缝换缝网＋粉砂换陶粒＋暂堵换排量"为核心的压裂工艺2.0技术，形成以最佳EUR为目标的压裂参数优化设计技术，川南页岩气单井千米测试产量增长7.2%，EUR增长4.3%，整体套变率下降28.7%，压裂成本下降12.6%；持续完善致密气连续管底封精细分割体积压裂技术，在蛟179-222X井、蛟180-221X井完成试验，压裂后不放喷带压拖动转层10次，有效解决常规油管压裂放喷转层效率低的问题；推进二氧化碳压裂技术规模化应用，应用53井次299层，二氧化碳用量4.19万吨，超集团公司近5年总和；在华H100-19井创新完成国内首次连续油管底封拖动+前置二氧化碳工艺试验，实现改造后平均增产9.8%，整体气井排液周期缩短18%；开展压裂系列新工艺、新产品试验，在威远、苏里格、长庆、川中致密气等区域开展纤维携砂工艺、纳米修复剂、彩色示踪支撑剂、气悬浮压裂、穿层压裂、纤维+缝端暂堵剂防压窜、双压裂、恒定砂浓度加砂压裂、水平井可开关滑套与套管外光纤监测等应用试验，试验效果显著；推进燃气发电电驱压裂配套设备现场试验，在长庆油田靖77-27井组开展燃气发电现场试验，4台5.8兆瓦级燃气涡轮压裂设备并网发电，创造国内最大规模燃气涡轮发电全电驱压裂纪录。西部钻探推广柔性高压管汇、工厂化集成砂箱、高低压全井大通径管汇等自动化、信息化装备，"雪豹"一键压裂系统实现国内首次远程集中控制，稳定运行200层，为国内压裂施工走向自动化、智能化提供首个参考模板；探索压裂驱动能源多样化应用，在AHHW2035井首次实施国内燃气涡轮压裂橇先导性试验，为在新疆、塔里木等油田推广燃气压裂奠定良好基础；长城钻探在威204H85平台首次开展全电驱压裂施工，压裂效率提升33.6%，平台日产气量过百万立方米；在威202H84平台首次采用管网气开展"燃气轮机发电"试验，压裂63段，节约燃油成本87万元，为电驱压裂开辟新路径；二氧化碳干法压裂提黏剂初见雏形、渗吸驱油压裂液增油效果显著、变黏滑溜水和生物复合乳液抗盐性能得到较大提升、可溶桥塞系列新增3种尺寸（66毫米、80毫米、90毫米），全年推广应用变黏滑溜水228万立方米、可溶桥塞722支，实现自研产品升级换代与规模化应用。渤海钻探研发智能远程压力监测系统，实时监测生产动态数据，在兴华111X井创造巴彦地区压力监测最深4500米、压力最高44.83兆帕、温度最高137℃三项纪录；采用"低排量纵向布缝+大排量延伸扩缝+复合应力转向"压裂工艺，在河北M1井和M2井实现首次干热岩压裂加砂、首个干热岩井组连通、首次干热岩实验性发电。大庆油田持续提升连续油管精控压裂系列技术，形成针对新井的连续油管精细分层、直井缝网和水平井体积压裂技术，创造一趟管柱水平井改造94段、直井改造39层的行业新纪录，时效提升50%以上；形成针对老井的连续油管重复压裂技术，初期日增油4.5吨，较常规压裂提高36.4%，阶段增油1.81万吨；针对剩余油富集的高含水层，构建控含水技术新体系，攻关形成水平缝控方位、钻孔压裂定方位、垂直缝转方位改造技术，单井日增油平均提升45%，含水下降9.1%，控水挖潜能力得到整体提升。长庆油田针对靖边下古气井生产中后期井筒及近井地带堵塞问题，采用压缩机气举+解堵剂复合解堵工艺技术，重新打通储层渗流通道，实现气井复产，全年应用42井次，成功助力投产41井次，井均日增气1.5万立方米。

连续油管作业技术。川庆钻探针对原有连续油管作业设备受限于国内道路运输条件和连续油管自身挠性影响，连续油管滚筒容量仅能满足井深6500米、水平段3000米以内水平井作业的工艺难题，自主研制国内最大的连续管滚筒，可缠绕2英寸连续油管11000米、$2^{3/8}$英寸连续油管8000米；自主研发全国首盘2英寸6400米CT110大管径高钢级穿光纤连续油管，形成适用于深层页岩气的连续油管智能光纤作业技术；持续推进可换向水眼磨鞋、限扭矩防卡保护器、多次开关循环阀等防卡工具应用，形成连续油管防卡技术，现场应用43趟次；开发连续油管疲劳预警系统，全过程记录连续油管作业使用情况，实时跟踪管柱疲劳寿命，现场应用115井次，占比95.5%，异常点精准描述96%以上、计算速度提高9倍，油管失效率下降60%，连续油管使用率同比提升8%，施工异常复杂下降22%。长城钻探创新应用连续油管带压钻塞、控压冲砂、控压测井、套管补贴等技术，在威204H19-1井应用自主研制的球形磨鞋，完成套管补贴井钻磨桥塞施工，投产后日产气33万立方米；在曙页1井应用连续油管穿芯打捞技术，打捞深度3996米，刷新集团公司连续油管穿芯打捞最深纪录。渤海钻探首次成功应用有缆连续油管测试技术，利用穿电缆连续油管底带测试仪器完成官页10-2-2井测产出剖面施工，摸清沧东凹陷孔西斜坡枣1605井东断块产液情况；推广应用连续油管试油工艺技术，在大港油田进行连续油管射孔2井次，工艺成功率100%，应用连续油管打桥塞封层9井次（其中打暂闭塞6井次），工艺成功率100%。西部钻探攻关形成高压、超高压井连续油管井筒处理工艺，实现施工泵压75兆帕，井口压力45兆帕的连续油管作业，在天安1井由井深1616.12米冲至井深6878.69米，创集团公司超高压直井连续油管最长冲砂段施工纪录；推广应用连续油管控压封堵工艺技术，优选高强度、高韧性封堵剂对油层炮眼井段进行封堵施工。吉林油田推广应用连续油管吐泥岩井封固治理技术，采用连续冲洗过错断点的方式与油层建立沟通，完成对油层的封固，成功完井24口，成功率75%。辽河油田规模化推广应用连续油管与修井作业配合施工模式，形成"连续油管+大修"辅助切割钻塞提效，"连续油管+小修"助力快速投产等多样化协作模式，实现雷72大平台井高质量快速投产，保障油田高效开发；连续油管挤注灰、管内射孔、管内钻磨、定点切割等工艺技术成功应用于新井投产、储气库气井作业、城区封井等领域，应用10余井次，效果明显。

修井技术。川庆钻探强化老井修井风险防控技术，进一步规范老井接井前对井口装置、井口段套管、应急处置条件等4类16项的风险评估内容，明确风险控制措施和升级管控要求；强化高含硫井安全修井作业技术，明确井控、硫化氢中毒风险防范要求及具体内容，针对压力系数低等4类难点问题制定15项处置措施，在川东北完成修井作业4井次。长城钻探开展水平井井筒再造关键工具及工艺研究与试验，形成3个系列二次完井工具，升级$5\frac{1}{2}$英寸×4英寸可回接悬挂器及配套工具，完成川平53-11井国内首口$5\frac{1}{2}$英寸×$4\frac{1}{2}$英寸井筒再造施工，并成功实施15段40簇压裂。大庆油田攻关形成高效侧向开窗和引领磨铣打通道技术，应用92井次，非封固段打通道成功率由55.3%提高到77.2%；攻关形成高效提速钻头和收鱼拨勾，应用25井次，成功率92%；持续优化全自动液压取套修井机，成功研发翘头式液压顶驱及以液压猫道、铁钻工为主体的钻具自动输送及旋扣系统，实现液压顶驱自动钻进及钻具长度丈量、螺纹油涂抹、电磁抓管等自动化操作，为全自动一体化智能控制取套打下基础。

带压作业技术。川庆钻探升级改造带压作业数字化现场系统，开发气井带压作业设计软件SnubDesign 1.0，单机版软件投入现场试验应用，填补国内带压作业设计软件空白；升级带压作业视频监控系统，加装前场、后场、移动卡瓦等3组视频监控，实现节箍在环形防喷器以上时的实时视频监控；升级带压作业现场数据采集系统，实现带压作业信息实时传送至EISC开展远程集中监控。西部钻探攻关形成气井带压作业安全评价方法，研制与配套内堵系列工具，开发带压打捞、钻磨、下复合管柱等多项技术，初步形成一套带压作业（机）完井、修井技术，完成带压作业352井次，同比提高109.5%，作业能力达到5300米、井口压力17.5兆帕。吉林油田持续迭代升级带压作业自动化装置，实现第三代带压作业自动化装置在起下油管、转运、测量及上卸扣等操作中的应用，在自动化程度、作业速度、减员增效、施工安全等方面均实现较大升级，全年完成8井次自动化设备现场试验，最高施工压力14兆帕、井深1480米，初步具备现场推广应用条件。

（吴志伟）

【风险作业】 2022年，西部钻探、长城钻探、渤海钻探、川庆钻探等四家企业分别在苏里格致密气气区、威远页岩气气区开展风险开发作业服务业务。两大气区共有20个风险作业区块，工区面积合计16906平方千米，探明天然气地质储量13133.4亿立方米。其中：苏里格致密气气区有16个风险作业区，面积15545平方千米，探明天然气地质储量8651.5亿立方米；威远页岩气气区有4个风险作业区，面积1361平方千米，探明天然气地质储量4481.9亿立方米。四家企业下设6个风险作业服务项目部，16个作业区，建成53座集气站，投产各类气井6058口，生产天然气1186.5亿立方米。东方物探在柴达木盆地台南、涩北两个矿权区块开展风险勘探作业，区块面积9200平方千米，下设油气风险合作项目部。中油技服风险作业服务业务在职人员1504人。

计划完成情况。2022年，投资61.9亿元，同比下降7.34%；完钻气井413口，压裂350口、投产375口，分别完成计划的99.8%、86.6%、91.9%，分别同比下降18.4%、28.1%、19.5%。其中：威远页岩气完钻67口、压裂67口、投产64口，分别完成计划的113.6%、117.5%、114.3%；苏里格致密气完钻346口、压裂283口、投产311口，分别完成计划的97.5%、81.6%、88.4%。全年生产天然气113.81亿立方米、商品量107.08亿立方米，完成年计划的101%，同比增长2.9%，创历史产量新高。其中：威远页岩气生产气量41.21亿立方米、商品量39.25亿立方米，完成年计划的97.2%，同比增长2.5%；苏里格致密气生产气量72.60亿立方米，商品量67.84亿立方米，完成年计划的103.3%，同比增长3.1%（表10）。另外，苏里格气区生产凝析油7.42万吨。

主要指标。2022年，风险作业区完钻井385口（水平井155口），压裂投产361口（水平井150口），建产能39.6亿立方米，产能完成率100%。苏里格致密气区，完钻井323口，压裂投产298口（水平井87口），建产能20.5亿立方米，产能完成率93.1%。其中：直斜井完钻井227口，平均井深3584.4米、垂深3499.9米、钻井周期12.9天、机械转速25.3米/时，平均累计气层厚度9.8米，平均首年配产1.1万米^3/日；水平井完钻（包括侧钻水平井30口）93口，平均井深4586.4米、垂深3295.9米、水平段长度1004.2米、钻井周期42.9天、事故复杂率3.7%、机械转速8.8米/时，平均砂体钻遇率91.6%，同比提升2.7个百分点，平均首年配产3.8万米^3/日（侧钻水平井2.8万米^3/日）。威远页岩气区，完钻井62口、压裂投产63口，均为水平井。其中：钻井方面，建产能19.1亿立方米，产能完成率109.3%，完钻平均井深5404.6米、垂深3172.7米、水平段长度1872.9米，钻井周期60.1天，事故复杂率5.7%、机械转速9.4米/时；压裂方面，单井平均压裂周期13.2天，加砂强度2.5吨/米，压裂时效1.5段/日，平均套变率19.7%，同比降低5个百分点，丢段率0.2%，龙一$_1^1$储层钻遇率、铂金靶体钻遇率分别为97.5%、96.6%，首年配产9.8万米^3/日，预测EUR1.0亿立方米，实现新井高产高效。

表10 2022年风险作业产量完成情况

气 区	单 位	投产 井数（口）	投产 进度（%）	投产 同比增长（%）	产量 井口量（亿立方米）	产量 进度（%）	产量 同比增长（%）	产量 商品量（亿立方米）	凝析油（吨）
苏里格	西部钻探	22	100.0	-31.3	9.76	104.1	8.4	9.16	18141
苏里格	长城钻探	124	106.0	-16.2	27.95	102.4	1.2	25.95	25529
苏里格	渤海钻探	109	73.2	-1.8	15.76	105.6	4.8	14.79	17805
苏里格	川庆钻探	56	87.5	-44.0	19.12	102.3	1.8	17.94	12725
苏里格	小 计	311	88.4	-20.5	72.59	103.3	3.1	67.84	74200
威远	长城钻探	33	97.1	37.5	15.21	88.4	2.1	14.30	0
威远	川庆钻探	31	140.9	-39.2	26.00	103.2	2.8	24.95	0
威远	小 计	64	114.3	-14.7	41.21	97.2	2.5	39.25	0
合 计		375	91.9	-19.5	113.80	101.0	2.9	107.08	74200

（吴志伟）

工 程 建 设

【概述】 中国石油集团工程股份有限公司（简称中油工程）是中国石油天然气集团有限公司控股的大型油气工程综合服务商，于2016年12月完成重大资产重组并上市。主要面向国内外能源化工工程行业提供全产业链"一站式"综合服务，业务范围覆盖油气田地面、油气储运、炼油化工、聚酯化纤、煤化工、LNG等油气领域，以及海洋工程、环境工程、风光电工程、地热工程、生物质能、氢产业链、CCUS、油气伴生资源开发等领域，服务能力涵盖项目咨询、FEED、PMC、设计、采购、施工、开车、试运、生产服务、培训、投融资等全价值链。具备年均2000万吨原油产能、300亿立方米天然气产能、8000千米长输管道、150米水深内海底管道、2600万立方米原油储罐、1600万立方米成品油储罐、2个千万吨级炼油和百万吨级乙烯的EPC总承包建设能力。在2022年度国际承包商250强和全球承包商250强榜单中，分别位列第30位和31位，在十大国际油气工程承包商中位列第三。

中油工程拥有中国石油管道局工程有限公司、中国石油工程建设有限公司、中国寰球工程有限公司、中国昆仑工程有限公司、中国石油集团工程有限公司北京项目管理分公司等5家成员企业，办公室（党委办公室）、计划发展部、财务部、人力资源部（党委组织部）、市场和工程管理部、质量健康安全环保部、科技信息和新业务发展部、企管法规部（董事会办公室）、纪委办公室（审计部）、党群工作部（企业文化部）等10个本部部门，中东分公司、非洲分公司、华东分公司、华南分公司等4家国内外分支机构。在册员工50242人，其中大专及以上学历39116人。

2022年，面对复杂严峻的外部环境和艰巨繁重的发展任务，中油工程坚决贯彻党中央关于"疫情要防住、经济要稳住、发展要安全"的总体要求，生产经营稳中有进、进中提质，营业收入918.7亿元、同比增长4.7%；净利润10.6亿元（表11）。

表11 2022年中油工程主要经营指标

亿元

指 标	2022年	2021年	同比增减
新签合同额	1023.8	1011	12.8
收入	918.7	877.8	40.9
净利润	10.6	3.6	7.0
税费	18.58	15.39	3.19

【提质增效】 2022年，中油工程开展提质增效价值创造行动，落实"四提质六增效"10个方面38项行动举措，以项目为中心促开源、降成本、堵漏洞。经济增加值0.67亿元，创重组上市以来最好水平；综合毛利率7.4%，同比提高2.2个百分点。"一企一策"推进亏损治理，中油工程领导"一对一"挂牌督导，"点对点"跟踪对接，完成亏损企业治理任务。开展法人压减专项行动，压减法人4户，法人户数连续6年下降。盘活人民币资金池，降低有息债务规模，节省融资成本0.7亿元。加强汇率走势研判和风险管控，降低美元、卢布等币种敞口规模，保证汇兑净收益为正。推动独立授信，获得372亿元授信额度，为

市场开发和项目执行提供有力资金支持。

【重点工程建设项目管理】 2022年，中油工程坚持"一切工作到项目"，建立重点项目三级领导挂牌督导机制，加强工程项目建设安全、质量、环保、进度、合同、廉洁"六大控制"，深化标准化设计、规模化采购、工厂化预制、模块化建设、信息化管理、数字化交付"六化"应用，科学组织筹划、靠实资源保障，各类项目平稳有序推进，全年执行工程10367项、完工4104项。推动广东石化项目建设，高水平完成建设目标，打造中国石油工程建设史上的标杆示范。建成中俄东线南段（安平—泰安和泰安—泰兴段）、双台子储气库等国家石油天然气基础设施及泰国东北部成品油管道、伊拉克哈法亚油田注水增压、俄罗斯AGPP二期等一批境外重点工程，承建的锦州石化、盛虹炼化一体化等转型升级项目及天利高新EVA、兰州石化丁腈橡胶等新材料项目投产。伊拉克哈法亚三期项目获评国家优质工程金奖，塔里木沙漠公路"零碳"示范项目入选央企十大超级工程，阿联酋巴布项目获"一带一路"国际大奖。

【市场开发】 2022年，中油工程树立市场开发第一要务理念，践行客户至上理念，坚持效益优先、量效兼顾原则，突出竞合共赢，靠前开发市场，克服国内新冠肺炎疫情多点散发、海外营商环境恶化、重大项目机会减少等不利因素，推动一批重点项目落实落地，全年实现新签合同额1023.8亿元，同比增长1.3%。科学谋划市场开发顶层设计，编发"两优化"实施方案，推进市场结构优化和业务结构优化，集团公司外部市场新签合同占比扩大至74.9%，海外市场新签合同企稳回升。加大高端高效市场开发力度，中标埃克森美孚伊拉克西古尔纳、道达尔乌干达东非原油管道、泰国石油天然气管道等项目，签约巴斯夫广东乙烯和聚乙烯项目，高端市场和高附加值业务新签合同额同比分别增长130.1%和20.0%。滚动开发"十大"重点跟踪项目，累计新签10亿元以上项目14个、1亿元以上项目153个，中国石油工程建设有限公司和中国石油集团工程有限公司项目管理公司首次进入乌干达EPC和PMC市场，中国石油管道局工程有限公司和中国昆仑有限工程公司持续巩固国家管网集团和外部聚酯市场。参加阿布扎比国际石油展会，展示中油工程技术能力和典型业绩。

【科技创新】 2022年，中油工程投入科研经费18.7亿元，研发投入强度2.0%；科技成果直接创效5.7亿元，同比增长160%，通过技术转让撬动合同额152.5亿元；新增授权专利165件，获中国专利银奖1项，完成科研课题159项，取得重大重要科研成果55项，30项实现工业化应用，获国家科学技术进步奖1项、省部级奖131项。推动重大科技专项和核心关键技术攻关，在炼化和新材料、油田地面及LNG领域、新能源和绿色低碳领域取得一批重大突破性成果，开发百万吨级连续重整、固定床渣油加氢、150万吨/年乙烯、30万吨/年聚丙烯、20万吨/年液相法聚乙烯等32个成套技术工艺包，突破单线规模800万吨/年天然气液化、单列3000万米^3/日天然气处理模块化、单列单台500万吨/年短流程原油处理等一批关键技术。完成集团公司编码融合统一工作，在长庆乙烷制乙烯项目试点应用；推进数字化转型试点，中国寰球工程有限公司北京分公司五大业务转型场景全面启动，中国石油工程建设有限公司西南分公司形成试点方案；统筹推进ERP大集中、信息"孤岛"治理、数据治理和本部信息化提升，梳理分析21个外围信息系统，关停8个自建系统，推动工程项目管理等3个系统优化升级。尼贝管道获2022年国际工程数字化最佳技术创新实践案例。

【改革治理】 2022年，中油工程完成改革三年行动373项任务、对标管理提升327项任务，完成国务院国资委改革三年行动目标任务。推进组织体系优化提升及三项制度改革，"三定"工作、"大部制"改革走深走实，岗位退出机制不断完善，收入凭贡献的导向更加清晰。落实集团公司依法合规治企要求，开展"七个专项治理"、合规管理强化年、依法合规专项治理等工作，处理完结纠纷案件133项。制定提高上市公司质量工作方案，推动董事会六大职权落地实施；完善董事会向经理层授权管理制度，修订授权管理办法，"三会一层"运作更加规范。加强信息披露和投资者关系管理，发布年报季报以及对外担保、合同中标等各类公告46项，获中国上市公司协会"年报业绩说明会最佳实践奖"。

【质量健康安全环保】 2022年，中油工程以"防风险、保安全、迎二十大"为主线，严格落实安全生产15条硬措施，强化安全生产责任制落实，开展体系审核、安全生产大检查、安全生产专项整治，升级重要敏感时段管控措施，加大监督检查和隐患整改力度，全年实现468.6个安全百万工时，现场违规违章和重复问题数量同比下降11%和19%，QHSE业绩创重组上市以来最好水平。抓实抓细新冠肺炎疫情防控，动态优化疫情常态化防控措施，推进疫苗接种和海外员工倒班轮岗，多方筹备防疫医疗用品，帮助员工安全平稳度过感染高峰期，做到防疫生产"两不误"。突出加强海外社会安全管理，积极应对中东恐袭、非洲局势动荡和乌克兰危机溢出风险，"一项目一策"制定安保方案，强化营地安防，完善应急预案，常态化开展视频巡检，确保境外项目和员工安全。积极履行社会责任，刚性支付民企账款和农民工工资，为项目执行创造和谐稳定环境。

（邢海峰　吴林林）

工程和物装管理

【概述】 2022年,集团公司坚持问题导向、目标导向、结果导向,统筹谋划工作思路和重点举措,做强工程项目管理,做优物资采购管理,做专招标业务管理,做精装备统筹管理,做实基础管理,在升级服务保障、深化提质增效、推进精益管理、促进改革创新等方面取得明显成效,有力支撑集团公司产业链供应链平稳顺畅运行。

【工程项目管理】 2022年,集团公司印发《境外工程建设项目管理办法》《数字化交付管理办法》《工程建设项目分包管理办法》。发挥集团公司工程管理领导小组引领统筹作用,建立完善重点工程关键环节管控机制、在建工程月报机制、质量监督检查机制,形成重点工程协调保障机制,工程物装业务协同联动,重点工程项目推进能力显著提升。全面加强项目建设过程管控,强化项目设计阶段方案审查,开工建设程序、手续严格,依法合规,协调项目执行重大问题,加大现场监督检查力度,保障重点工程按计划建成投产,做好完工项目竣工验收。全年集团公司重点工程项目建设进展顺利,广东石化炼化一体化项目、威远泸州区块页岩气集输干线等项目建成试运,塔里木油田博孜—大北区块地面骨架工程快速推进。

【工程质量监督】 2022年,集团公司持续完善工程质量监督模式,理顺完善监督机制,提高监督的独立性、权威性,围绕重点项目建设持续开展QHSE、承包商等关键领域联合督查。制定《工程建设项目质量检查细则》和《工程建设项目量化检查评价方案》,对检查组织形式、方案编制、主要内容、专业配备、讲评材料、检查报告等进行统一规定。探索工程质量远程监督,统筹资源推进异地监督,形成监督合力,保证工程建设项目的监督全覆盖和重点工程的监督力量充足,促进工程质量管理提升。

【物资采购管理】 2022年,集团公司完善物资供应制度框架,制定《境外机构采办管理规定》《进口物资采购管理办法》;推进物资供应链绿色化转型,制定《绿色采购管理办法》。完善一级物资管理目录,优化资源配置,调整50%授权管理小组,紧跟"双碳双新"(碳达峰、碳中和,新能源、新材料)业务发展,将光伏、风力发电项目主要物资纳入一级物资管理，一级物资采购额占比60%。发布454项技术规格书，实现主要物资基础采购标准全覆盖。通过战略采购、内部优势产品采购、框架采购、协同采购等多种方式强化资源配置。对石油专用管、石英砂、陶粒等重点物资实施带量采购，促进充分竞争，降本增效成果显著。在川南页岩气和炼化一体化等重点工程推行"集中采购、集中仓储、集中物流、集中质控"和"共享服务"。

【招标管理】 2022年，集团公司推进"招标公开化、实施专业化"，倡导"应招必招、规范招标"，集团公司总招标率87%、公开招标率98%、专业化招标率98%、电子招标率100%。大力加强队伍建设，从"管、办、评"三个维度，对招标管理人员、专业机构、招标评审专家3支专业队伍开展培训。推进电子招标深入应用，建成工程、物资、服务项目招标一体化、全流程的中国石油电子招标投标平台，完成从传统招标向电子招标方式转变。开展招标业务突出问题专项整治，发布《招标业务"六项禁令"》，设置招标管理"高压线"，有效遏制招标投标活动中违法违规行为，进一步防范化解风险、预防惩治腐败、优化营商环境、完善治理体系。

【装备管理】 2022年，集团公司组织修订装备管理办法，制定装备完整性管理指导意见，在勘探、炼化、销售和技服等4个业务领域开展装备完整性管理试点。落实集团公司重大技术装备推广应用实施意见，促进自主创新、自主可控，解决关键领域核心关键问题，建立企业创新链、用户产业链高度融合的重大技术装备创新生态系统，装备全生命周期管理逐步深化。大力推动"制造＋服务""绿色＋高端"，装备制造业务转型升级成效明显。

【供应商管理】 2022年，集团公司推进物资供应商管理"五统一"，（统一管理制度、统一管理标准、统一业务流程、统一供应商库、统一业务平台），抓好公开准入、精细考评、动态管理，促进采购向优秀供应商集中。组织开展年度供应商新增准入，完成10个授权管理小组9个方案31个品种的新增准入招标，持续补充优质供应资源。完善供应商考核评价体系，强化一级供应商年度考核评价，共享考评结果，处置考评不合格供应商，促进供应商绩效提升。加强物资供应资源动态管理，梳理暂停库内无效供应商数量，持续优化物资供应资源，强化采购风险管控。

【承包商管理】 2022年，集团公司按照"市场开放、公开资审、库内选商、动态考核"原则，通过公开招标方式，组织完成108项资质2轮次、3535家承包商准入工作，规范承包商信息收集与审核，重构集团公司工程建设承包商资源库，实现承包商数据在集团公司工程项目建设各业务环节"可见、可懂、可用、可运营",强化承包商全过程管控。推进《工程建设承包商资源库管理和考核评价实施细则》试点应用,对大庆油田、兰州石化等 8 家试点单位工程建设项目中的承包商全过程行为进行考核评价,探索建立各层级责权配置合理、制度流程优化、约束机制完善的承包商管理体系,逐步形成"准入按标准、过程强监管、失责有惩戒"的承包商管理模式。

【物资仓储管理】 2022 年,集团公司按照"控增、减存、优结构"的原则,严格库存指标考核,物资期末库存同比下降 8%。强化"零库存"管理,加快企业实施仓储管理扁平化,推进仓储物流区域共享,提升库存精细化管理水平。有序开展区域和专业物资集中储备,制定年度拓展集中储备工作实施方案,有效推进库存物资资源共享,促进企业采购成本降低。深入开展物资库存数据分析与应用,利用大数据分析技术,探索构建集团公司库存管理画像体系,有效满足不同层级仓储管理需要,精准储备控降库存,提升整体物资库存管理水平。

【工程和物装管理信息化】 2022 年,集团公司持续推进电子采购 2.0 系统、招标平台、数据仓库平台深化应用,优化提升一级物资集中采购方案审批、采购业务请示等功能,有效支持新冠肺炎疫情期间电子招标采购工作。推进采购大数据数字化应用,推动业务信息化建设、数字化转型,为提升管理提供辅助支撑。启动工程建设项目管理平台建设,强化工程建设程序和质量行为管控,实现工程各参建主体的数字化沟通和协同,推动业务流、工作流和数据流的有机融合。

【装备制造事业部成立】 2022 年 12 月,集团公司为深入贯彻国家推动装备制造业转型升级的决策部署,做强做优集团公司装备制造业务,增强自主创新能力,提升装备制造领域竞争优势,成立中国石油天然气集团有限公司装备制造事业部。对集团公司装备制造业务实施专业化管理和一体化统筹,负责装备制造业务的规划计划、投资预算、生产经营、技术研发、安全环保、绩效考核等工作的组织管理,推进装备制造业务转型升级和技术进步,促进经营管理水平提升。

(左 莹)

第二部分

服务企业概览

工程技术服务企业

中国石油集团西部钻探工程有限公司

【概况】 中国石油集团西部钻探工程有限公司（简称西部钻探）2007年12月底成立，是中国石油按照集约化、专业化、一体化整体协调发展思路，整合原新疆石油管理局、吐哈石油勘探开发指挥部工程技术队伍成立的首家专业化钻探企业。截至2022年底，有各类大型工程技术装备1.6万台套，工程技术服务队伍1000余支，资产总额近300亿元。主要开展钻井、固井、录井、压裂、试油等工程技术服务，兼营油气合作开发、技术研发与产品研制等业务，年钻井能力700万米、压裂1.3万层（段）、录井3400口、固井6000井次、试油600层、定向服务1500口以上，合作开发年外输天然气9亿立方米以上。有"两院四中心"科技创新平台，先后打造21项工程技术利器、23项优势特色技术、11项综合配套技术，自主研发的SAGD磁定位系统、精细控压钻井系统、自动垂直钻井系统、雪狼3.0综合录井仪、XZ系列堵漏剂、井下实时安全监控系统等38项科技利器总体达到国际先进水平，获省部级以上成果奖93项，其中"水平井钻完井多段压裂增产关键技术及规模化工业应用"获国家科学技术进步奖一等奖，"基于深井钻柱动力学的高速牙轮钻头与振动筛研究及应用""万米级特深井陆用钻机设计制造与工业化应用""化学固壁与保护油气储层的钻井液技术及工业化应用"3项成果获二等奖，有效专利727件，保持"国家级高新技术企业"称号。国内服务于新疆、青海、吐哈、塔里木、玉门、长庆、西南、煤层气等10余个油气田，海外业务分布在中亚哈萨克斯坦、乌兹别克斯坦、中东伊拉克、阿联酋和非洲埃及等8个国家。西部钻探具有光荣历史传承，10余年来，打出以高探1井、康探1井、博孜13井、柴9井、切探2井、石钱1井、富东1、玛页1H井、满深72井为代表的一批重大发现井，完成亚洲第一深井轮探1井、乌兹别克斯坦明15井、新疆油田水平段最长井JHW00422井、准噶尔盆地最深井呼探1井、柴达木盆地最深井昆1-1井、吐哈油田最深井葡探1井、中国石油海外最深井吉达4井、海拔最高井祁参1井等重大工程，以及助力呼图壁国家级储气库建设、玛湖和吉木萨尔一体化服务、青海南翼山、风西和涩北等重大项目，加快西部各油气田勘探开发进程。

2022年底，西部钻探下设机关部门12个、二级单位19个，员工1.46万人。其中，本科及以上学历占比37.4%、少数民族占比16.4%，享受国务院津贴5人，新疆维吾尔自治区天山英才4人，集团公司青年科技人才2人，中油技服井筒技术专家9人，各类专家、技师近千人，涌现出一批以大国工匠、中华技能大奖获得者谭文波和全国五一劳动奖章获得者高维明为代表的先进模范，为油气事业发展作出突出贡献。

2022年，西部钻探贯彻落实集团公司、中油技服各项决策部署，全力以赴"夯实基础、厚植优势"，积极应对突发新冠肺炎疫情、市场变局等不确定因素交织叠加风险，统筹推进服务保障、市场营销、提速提效、单井工程、安全井控、党的建设等工作，取得较好成效，全年完成进尺539万米、实现收入240亿元。呈现出基础夯实、优势集聚的良好态势。改善经营质量，全力稳价保量、扩链增效，推动价格回归合理区间，关联交易区服务保障率90%；塔里木、长庆、西南战略市场规模增长13%、再创新高；海外市场持续提量推价，连续4年盈利、实现质效双增；苏里格油气风险合作开发天然气产量突破9亿立方米，天然气回收业务产值突破1亿元。突出业财融合，将"四精"理念贯穿生产经

西部钻探主要生产经营指标

指　　标	2022年	2021年
钻井（口）	2039	2324
钻井进尺（万米）	539	594
完井（口）	1983	2260
录井（口）	1716	1909
固井（口）	1473	1482
井下作业（层段）	11334	12566
试油（层）	1142	778
定向井（井次）	404	761
收入（亿元）	240	232
利润总额（亿元）	2.28	-6.98
税费（亿元）	2.41	1.63

营全过程，优化资源配置，打造提质增效"升级版"，百元收入营业成本降至94.6元、创5年最低。将单井安全提速创效工程作为撬动管理变革、效率变革的"支点"，全面下放经营自主权，实现各专业全覆盖，钻井米成本再降11%；全员劳动生产率提升5%，人均营业收入161.2万元／人。

【工程技术服务】 2022年，西部钻探坚守"一体两面"定位，将服务保障油气规模增储、效益上产作为核心价值追求，与油田携手共建一体化运行机制，创新全方位一体化协同保障机制，健全实施"公司统领、区域共享、单位协同"保障模式，实施区域资源联动保障，全年跨区域调整钻机31部，满足新疆、青海、吐哈及西南等区域上产需求。精细刻画地质油藏建模，打造"地质工程一体化、水平井钻井、储层改造"三把利剑，实施定、录、导一体化，增强服务保障和竞争实力，助力盆中1井、吉新4井、牛17井、大北4井等12口重点探井获地质发现，打出夏云1、富东1井、玛页1H井、佳南1H井等60余口发现井、高产井，彰显钻探价值。

【市场开发】 2022年，西部钻探坚持事前算赢，推进"一区一策"精准营销，夯实生存发展根基。在新疆油田，创新实施"EUR+效益总包"差异化合作模式，联合开展车471等井区风险总包，推动玛湖提速15.88%、吉木萨尔完井周期缩短12.74%，内部收益率同比提升6.6个百分点。在吐哈油田，发挥一体化联动保障优势，精准打出吉新4井等多口发现井、高产井，服务保障率100%。在青海油田，积极推价稳价，开发井价格恢复到2019年水平，达成探井"一井一签"。在塔里木油田，瞄准"深井第一军"定位，建立常态化沟通机制，按需优化钻机结构，实施克拉、富满区块专打，钻机100%动用，压裂、试油、录井等高端业务占比稳居第一。在长庆、玉门、西南等油气田，建立"自营+合作"联动保障模式，强化全产业链一体协同，川渝市场钻机规模由14部增至19部，长庆沿线市场自营钻机扩充至22部，进尺和收入贡献进一步扩大。在苏里格油气合作区，深入拓展油气风险合作业务链条，完成商品气量9.16亿立方米，销售轻烃1.8万吨，利润规模不断扩大。

【科技创新】 2022年，西部钻探聚力科技创新，召开科技与信息化创新大会，明确今后三年创新方向，加快推进"两院四中心"建设，统筹战略性、前瞻性与基础性创新布局，加大科研投入和政策支持力度，牵头实施9项国家、集团公司和中油技服重大科技项目，5项成果达到国际先进水平。坚持以需求带动创新，聚焦制约提速提效的关键核心技术、装备"卡脖子"问题，优选主攻方向，深化技术、装备合作研发，15000米钻机特深井智能钻机项目启动，攻关形成"XZ-TIG型扭力冲击钻井提速工具"等26项特色技术和产品进入中油技服科技成果推广与共享平台，自主研发垂钻产品比肩 Power-V、实现产业化，MSE 优快钻完井、同步压裂、超高压试井等优特技术，助力钻井提速 8%、压裂提效 17%。加快科技成果转化，推广新技术新产品 20 项，自研垂钻现场试验 35 井次完成定型，MSE 优快钻井技术、XZ 油基钻井液实现规模应用，"RMS–Ⅰ磁定位系统""扭力冲击钻井提速工具""高耐盐速溶胍胶压裂液""连续油管水平井带压直读精细分段测试系统"等 4 产品通过集团公司自主创新重要产品认定，助力当好油气产业链"链长"。加速数智化转型，建成"1+15"两级工程作业智能支持中心（EISC），"井场一张网"重点井覆盖率 92%，着力打造数字井下、数字试油、数字钻井等专业特色模式，数字化钻井队实现数据自动采集，"雪豹"一键压裂远程操控实现作业安全与施工效率双提升，为提效降本提供强力支撑。

【安全井控】 2022 年，西部钻探突出严抓狠管，持续强基固本，确保安全井控总体受控。从严升级安全管理，深化 QHSE 体系运行，深化"两个到位"认识，明确"三个不能干"要求，组建工程作业智能支持中心安全生产专项工作组，实施定点靠前与视频巡检，加大"四不两直""夜查"和"驻点督导"检查力度，开展安全生产大检查和重点领域集中整治，创新"互联网＋安全生产"管控模式，加强承包商安全监管，推进全员安全生产记分和 HSE 监督安全生产记分，现场安全表现显著提升。突出基层能力提升，实施"培训年"七项提素工程，培训 500 余期 5.5 万人次，覆盖面、系统性大幅提升，本质安全水平不断增强。狠抓井控管理，践行积极井控理念，实施风险分级评估和全过程监督，开展井控无溢流里程碑活动，坚持重奖重罚，严格"三评估三分级"，固化双重监管机制，配备使用井筒液面监测系统 110 套，风险预警 90 余次，溢流起数同比减少 43%，实现溢流发现及时率、正确关井成功率"两个 100%"，经受住富东 1 井极限压力重大考验。加快井控应急救援中心建设，建立 7 个区域井控应急处置专家团队，全面建成新疆、青海等区域"2 小时应急保障圈"，有力提升救援抢险能力和水平。

【绿色环保】 2022 年，西部钻探深入推进绿色发展，开展环保风险评估和专项督查，编制环境敏感性评估细则，指导各单位全面对作业现场开展环境风险评估工作，制定环境风险防控应急措施 42 项，投入 371 万元推进环境保护专项治理，应用钻井液不落地技术 858 口井，处理岩屑 54 万立方米，减少废液排放 4.5 万立方米。加快主力装备升级，实施合同能源管理钻机"油改电"及辅助接网电 386 井次，"油改气"63 井次，电动钻机占比 52%，电驱压裂水马力增长 4.6 倍，填补二氧化碳干法压裂和全电驱压裂空白，全年减碳 30 万吨、减排 47

万立方米。

【企业党建工作】 2022年，西部钻探发挥党组织"把方向、管大局、保落实"作用，强化政治引领，深入开展习近平总书记重要指示批示精神再学习再落实再提升主题活动，制定落实党史学习教育常态化长效化25项举措，进一步坚定捍卫"两个确立"。坚持党管干部党管人才，突出政治标准，全年从生产、技术、井控、安全、设备等岗位提拔22名二级副职、占比73.3%，主体专业占比近90%，充分体现讲政治、重实干、重实绩、重基层及学专业、干专业的导向。围绕"生聚理用"，打通成才通道，选聘企业首席专家3人、企业高级专家12人、一级工程师36人，二级、三级工程师237人，动态建立540人的"领军、骨干、青年"人才库，选树优秀技术人才，2人被评选为集团公司青年科技英才，5人入选自治区"天山英才""天池英才"，谭文波获"中华技能大奖"。

【和谐企业】 2022年，西部钻探坚持聚民心、暖人心、筑同心，统筹精准帮扶和普惠服务，加大海外长期在岗员工与家属的关心关爱，扎实做好新冠肺炎疫情防控、"三送"等工作，慰问3600余人次；加快健康企业创建，干预诊疗、转岗分流、设施配备等工作稳步实施。坚定履行社会责任，以高度的政治责任感，扎实做好维稳安保、乡村振兴、民族团结等工作，获新疆维吾尔自治区"'访惠聚'优秀组织单位"称号，积极参与伊宁阿希金矿应急处置，彰显政治担当。

（贾博博）

中国石油集团长城钻探工程有限公司

【概况】 中国石油集团长城钻探工程有限公司（简称长城钻探，英文缩写GWDC）2008年成立，由原辽河石油勘探局钻探系统与中油长城钻井公司重组而成，总部位于北京，是集团公司的直属专业化石油工程技术服务公司。主营业务包括工程技术服务和油气风险作业两大业务板块，业务领域涵盖地质勘探、钻修井、井下作业、录井、固井、钻井液、油田化学业务等石油工程技术服务，并向油气田前期地质研究、勘探开发方案设计、天然气（煤层气、页岩气）开发、地热开发、油田生产管理等领域延伸。公司有较高的市场化国际化水平，国内市场范围涉及近20个省（自治区、直辖市），主要服务于辽河、长庆、中油煤层气等油区，以及川南页岩气等中国石油重点增储上产区域和中国石化等外部市场；海外业务遍及非洲、美洲、中东、中亚等区域28个国家和地区，累计服务全球130多个客户，打造GWDC品牌，在国际油服市场具有较高知名度。围绕业务发展实际和市场格局,建立总部机关统一管控,国内东部、西部、西南3个生产指挥中心靠前支持,国际事业部统筹负责国际业务的新型矩阵式管理架构,在国内设有21家二级单位,在海外设有22个项目部。

2022年底,长城钻探用工总量18000余人,包含外籍员工3000余人,有各类工程技术服务队伍1500余支,主要工程技术装备7000余台套,资产总额362亿元,集成完整的石油工程技术装备能力,先后引进和研发全液压钻机、系列自动化钻机、旋转导向、LWD、连续油管、电驱压裂机组、高功率水泥车、综合录井仪、自动化固井设备、带压作业装置等高端设备,提高各业务板块装备技术水平,能够适应全球范围内各种复杂条件下进行油气勘探开发需要。

2022年,长城钻探党委团结带领全体干部员工,坚持以习近平新时代中国特色社会主义思想为指导,深入学习贯彻党的十九大、二十大精神,落实集团公司和中油技服工作部署,坚持稳中求进工作总基调,以提升规模效益为主线,投身到高质量发展实践中,各项工作取得新成效。全年完成钻井进尺553.98万米、压裂4092层段,生产天然气43.2亿立方米,收入189.8亿元,超额完成集团公司下达的经营指标。

长城钻探主要生产经营指标

指标	2022年	2021年
录井(口)	3331	2507
钻井(口)	2048	2230
钻井进尺(万米)	531.98	463.32
完井(口)	1991	2152
固井(口)	1794	1535
井下作业(井次)	6320	2490
试油(层)	6261	4706
国际市场签订及中标待签合同额(亿美元)	18	14.2
收入(亿元)	189.80	169.82

2022年，长城钻探党委团结带领全体干部员工，坚持稳中求进工作总基调，以提升规模效益为主线，凝聚全员力量投身到高质量发展的火热实践，各项工作取得新成效。图为3月30日，长城钻探所属苏里格气田分公司累计天然气产量400亿立方米留影纪念（尉晓文　提供）

【**工程技术**】　2022年，长城钻探坚持技术立企，推动工程提速取得突破成效。工程提速效果突出。以"示范工程"为抓手，发挥区域专班的技术引领作用，5000米以上深井钻井提速18.6%。新创立技术指标132项，特别是雷72平台刷新辽河油田11项施工纪录；古巴CMN-100RE井刷新陆上钻井等5项纪录，获"创古巴国家纪录"证书。事故复杂持续下降。发挥工程作业智能支持中心（EISC）平台数字信息集成功能，依托专家远程技术支持，事故复杂损失同比减少435天，其中集团公司"五类重点井"事故复杂率同比下降13%。服务质量稳步提升。落实井筒主体责任，强化施工过程监管，井身质量合格率98.2%、固井质量合格率94.9%、压裂丢段率0.17%，均优于集团公司下达的考核指标。倾力保障国内勘探开发，高效施工各类探井155口。特别是在辽河深化"四个一"（一家人、一条心、一股劲、一起干）理念，与辽河油田公司建立良好的对

2022年，长城钻探全面践行技术立企，工程提速效果突出，以"示范工程"为抓手，发挥区域专班的技术引领作用，5000米以上深井钻井提速18.6%。新创立技术指标132项，特别是雷72平台刷新辽河油田11项施工纪录。图为雷72平台现场（漫肃宁　提供）

接机制，打造储气库、双229CCUS先导试验区等一批精品工程，助力汛后上产攻坚战取得全面胜利；在海外精准保障集团公司投资项目，助力甲方在尼日尔毕尔玛、乍得多赛欧坳陷落实两个亿吨级规模储量区带，收到集团公司内外部表扬信253封，创历史新高。

【市场开发】 2022年，长城钻探在国际市场上深化业务改革，统筹强化市场营销和项目运营，推进"二次创业"实现新突破，新签合同额18亿美元，同比增长26%。乍得、尼日尔、伊拉克、古巴"四大支柱市场"保持硬稳定；高端市场成功中标墨西哥4部3000马力钻机、泰国66口井钻井总包等一批具有突破性意义的新项目，斩获4个超过1亿美元的大合同；新签阿曼和苏丹稠油热采、哈法亚酸化等多个合同，业务转型见到实效。

国内工程技术服务市场，完成钻井进尺476万米，同比增长20.6%。辽河关联交易市场首次实现钻井和压裂市场同时100%占有，大修业务份额提升11.8%。吉林流转、冀东流转、中油煤、华北巴彦市场增项扩容成效突出；成功培育吉林流转、中油煤两个长线规模市场，增加钻机20部。集团外部新增利雅得、郑州地热、洛克石油等5个市场，合同额增长超过4倍。

2022年10月21日，长城钻探科威特项目部中标科威特国家石油公司26亿元超级大单，标志着长城钻探工程公司在科威特高端市场取得重大突破，同时创下近10年来海外市场合同额最高纪录。图为项目部全体中外员工在科威特南部油区GW302井场合影（陈潇 摄）

【科技创新】 2022年，长城钻探承担国家、集团公司重大项目20项，获省部级以上科技奖励11项，首次获孙越崎青年科技奖。科技创新成果丰硕。制修订行业标准6项，保压取心、油基钻井液2项标准入选集团公司国际标准培育计划。有机质页岩评价方法等两件专利首次获评集团公司专利金奖与银奖。昆山公司获评江苏省"专精特新"中小高新技术企业。集团公司录井技术研发中心成功落户长城钻探，参与中国石油"地热能技术研发中心"联合建设，构建以"两院为核心、四个技术研发中心为支撑"（"两院"即工程技术研究院、地质研究院；"四个技术研发中心"即集团公司录井技术研发中心、中油技服大修侧钻中心、中油技服压裂液分中心、非常规油气藏工程技术中心）的科研条件平台。项目攻关与成果推广见到实效。加大科研投入力度，落实科研经费同比增长2.5倍。成功研制国内首台ZJ30车载超级单根自动化钻机，打造80兆帕保压取心等8种新工具、页岩气高承压膨胀管井筒修复技术等3项利器，抗高温耐酸解瓜尔胶压裂液体系填补国内空白。高性能钻井液等特色技术成果规模化应用创收7.9亿元。数智化建设扎实推进。制订实施数字化转型发展方案，深化信息化平台建设，信息"孤岛"治理集成关闭系统2个。协同推进国内外EISC平台建设，国内远程支持和监控重点井896井次，国外完成数字化采集107口井，促进生产优化和管理模式变革。高端智能装备加速发展，首套全电驱6万水马力压裂机组投入使用，改造深井钻机等高端装备25台套，应用二层台机械手等自动化装备42台套。

2022年9月7日，由长城钻探所属录井公司牵头组建的"中国石油天然气集团有限公司录井技术研发中心"正式揭牌成立。图为揭牌仪式现场（张明昭　提供）

【安全环保井控】　2022年，长城钻探严格落实国家安全生产"十五条"硬措施，升级特殊敏感时期安全管理，未发生较大及以上安全生产事故。将安全环保作为不可逾越的底线。压实各级安全生产主体责任，创新一体化监管模式，狠抓安全生产大检查等工作，处罚问责495人次，提升现场安全水平。开展体系审核和诊断评估，完善安全管理制度19个、操作规程80项。加大环保节能力度，通过第二轮第六批中央环保督查。将井控管理作为安全生产的核心。严格执行集团公司"三评估三分级"，评估各类队伍390支，实现队伍能力与施工风险精准匹配。建立"2小时应急圈"共享平台，新配井控应急集装箱22套，井控应急体系更加完善。实施井控专家、EISC系统、坐岗软件的多元监管，成功处置井控复杂22次，井控险情处置时间同比缩短78.5%。将新冠肺炎疫情防控作为贯穿全年的重点。严格落实科学防控要求，狠抓重点时期、重点地区的人员流动管理，发放防疫物资30余万件，完成海外超期倒班人员清零目标。在员工基数大、流动性高的情况下，实现疫情防控与生产经营"两手抓、两不误"。

【企业管理】 2022年，长城钻探稳准实施改革调整，改革三年行动收官，通过集团公司督导检查，改革经验案例获集团公司通报表扬。组织体系持续优化，压减三级机构52个、基层领导人员职数246人。推进区域一体化统筹，国内精简长庆、川渝地区基层管理机构40%以上，海外牵头和配合中油技服组建秘鲁等7个联合项目部。中层级经理层成员任期制和契约化管理全面实施，新型经营责任制基本建立。治理体系更加完善。落实"合规管理强化年"部署，党委前置研究讨论决策制度更加健全，纳入应建范围的两户子企业均设立董事会。"两化一升"（管理流程简化、优化、提升）成果靠实落地，新版内控管理手册正式发布实施，制修订配套制度75项，实现与各业务系统全面承接。精益管理持续深化。打造提质增效升级版，实施增效工程31项措施，增效2.85亿元，经济增加值同比改善3亿元。物资管理更加精细，第三方电商采购全面推广，工业品电商平台试点运行效果显著，海外物资系统2.0正式上线，境外物资库存下降39.7%。抓实人力资源管理，用工总量压减625人，调剂盘活2045人，新聘高级专家和技术专家8人，引进1名海外高层次人才并入选国家级人才计划，11人入选集团公司"青年科技人才培养计划"。

【企业党建工作】 2022年，长城钻探坚持"第一议题"制度，深入学习贯彻习近平总书记最新重要讲话和指示批示精神，捍卫"两个确立"、践行"两个维护"更加坚定。紧扣迎接和学习宣传贯彻党的二十大精神主线，开展专题宣讲、党课讲授等系列活动，凝聚团结奋进的磅礴力量。完善党建工作制度9个，552名党组织书记完成述职评议，评选三星示范党支部63个。加强干部队伍建设，健全意识形态工作责任制，开展"转观念、勇担当、强管理、创一流"主题教育宣讲1220场次。牵头启动中国石油在京单位党建工作协作区建设，获集团公司肯定。党风廉政建设深入推进，做细日常监督，境外项目、基层"微腐败"、合规经营等专项监督有序推进，完成集团公司纪检监察组交办的3个课题研究。群团作用充分发挥，"惠民安心工程"项目高效推进，精准帮扶慰问14000余人次。广泛开展主题劳动竞赛，涌现各类指标纪录253项。启动"青马工程"，举办长城钻探首届青年科技论坛。"可燃冰试采录井数据采集技术"获中国能源化学地质工会创新成果一等奖；涌现出中华全国总工会"大国工匠"GW80队平台经理苏飞等一批先进典型。

2022年12月20日，中国能源化学地质工会全国委员会公布"大国工匠—能源化学地质篇"（第八季）名单，长城钻探泰国项目GW80队平台经理、党支部书记苏飞光荣上榜，成为获得该项荣誉的中国石油海外员工"第一人"。图为苏飞正在作业现场检查井控设备、节流管汇各压力表以及各闸门的开关状态（黄占超 摄）

【长城钻探中标中油煤层气50口套管修复井项目】 2022年5月31日，长城钻探中标煤层气公司2022—2024年井下套管修复技术服务项目，预计50口井，100段左右的膨胀管补贴工作量。

油井漏失、套损治理一直是制约钻修井安全、质量和效率的油田生产难题。长城钻探成立研究团队，围绕膨胀管技术进行专项攻关，经过多年研究，相继攻克膨胀管补贴修套技术等诸多瓶颈技术难题。2022年3月，完成煤层气公司第一口补贴井郝7井膨胀管补贴施工，并持续跟踪该井后续压裂投产措施，主动加强技术推介，利用特色技术优势，参与甲方后续老井改造措施方案制订，对不同井况补贴施工难度和工艺措施按照单井单策原则，全方位服务，多次协助甲方完成区块老井改造技术规划方案，坚定了甲方使用膨胀管技术的决心和信心。

【"强封堵恒流变油基钻井液及其性能自动化监测技术"成果达国际先进水平】 2022年6月15日，长城钻探牵头完成的"强封堵恒流变油基钻井液及其性能自动化监测技术"通过中国石油和化学工业联合会科技成果鉴定。由中国工程院院士孙金声等9名知名专家组成的鉴定委员会认为：该成果总体达到国际先进水平，油基交联封堵剂和油基低温流变性改进剂性能指标处于国际领先水平。

长城钻探潜心研究新型抗高温油基钻井液核心处理剂等多项技术，努力提升深井超深井钻井液技术水平。2022年，形成四大技术创新点，即通过对带正电荷Al-Fe-Mg纳米材料表面改性修饰，发明油基交联封堵剂；发明油基低温流变性改进剂，改善有机土的分散及与其他处理剂的相互作用；研发高温高密度强封堵恒流变油基钻井液体系，推动国产化替代；研制油基钻井液性能自动化监测系统，实现钻井液性能的实时监测与优化调整。此项成果在塔里木和辽河等油田现场应用96口井。塔里木博孜8井完钻井深8235米，创国内油基钻井液完钻井深纪录；在气温达零下25℃的辽河油田沈页1井成功应用，经济和社会效益显著，推广应用前景广阔。

【长城钻探连续轻烃录井仪跻身国际先进】 2022年6月22日，由长城钻探自主研发的GW-OLS连续轻烃录井仪成功应用60余井次。标志着中国石油掌握随钻地层流体实时检测的一项关键技术，打破国外公司技术垄断，提高参与国际高端录井市场的竞争力。

长城钻探历时5年，全面研究改进气体采集和分析单元，创新钻井液恒温定量脱气等多项技术，全球首次实现60秒周期在线检测C_1—C_8烷烃、环烷烃、芳香烃15种组分，采用轻烃谱图数字化分析技术，建立组分特征—形态因子等一系列解释方法，研制成功GW-OLS连续轻烃录井仪。该录井仪具有定量程度高、脱气效率高等特点，可满足陆地和海洋录井作业需求，将探井解释评价符合率从75%提升至85%以上，总体指标达到国际先进水平，其中色谱快速检测技术达到国际领先水平。

【长城钻探封堵国内首口无轨迹双"落鱼"井】 2022年10月17日，由长城钻探施工的辽河油区马215老井封堵任务完成。这是国内首口无轨迹双"落鱼"井实现成功封堵。

马215井于1979年完钻。老井钻穿马19储气库盖层，钻井过程中多次卡钻造成井下两个井眼内各有一条"落鱼"，同时井眼轨迹数据缺失，邻井井况不明。作为国内储气库较为复杂的封堵井，其封堵效果直接影响辽河油田百亿立方米储气库整体建设。针对马215井无轨迹多"落鱼"的技术难题，长城钻探精细控制井眼轨迹，克服伴行过程中小井斜方位变化大、近距离MWD仪器磁干扰严重等难题，实现救援井与老井的长井段、近距离伴行钻进。施工过程中，首次应用磨料射流水力喷砂技术，实现"落鱼"钻具开孔，通过挤注水泥工艺，对"落鱼"内水眼进行有效封堵；首次应用钻杆传输定向射孔技术，实现与老井眼环空的有效连通，完成"落鱼"井眼环空在盖层上部、中部、下部的有效封堵。

【长城钻探研发集团公司重大专项现场应用成功】 2022年10月24日，长城钻探依托集团公司重大专项"油田井筒工作关键化学材料的开发与应用"自主研发的低成本高效封堵油基钻井液体系，在辽河油区沈273平台3口井三开应用，取得满意效果。科研人员通过调整油水比及核心处理剂的加量配比，并补充自主研发油基交联封堵剂，密度 2.60 克/厘米³，抗温可达 240℃，其单方成本较常规可下降 10%。解决了常规油基钻井液封堵性能不足、低温流变性差和成本高等问题。

沈 273 平台共部署 6 口井，均设计为三维井眼，三开井段较长，造斜段、水平段共 600—1800 米，完井水平位移 2500 米以上。前期已完钻的 3 口井三开使用氯化钾聚合物钻井液体系，施工过程中塌、漏问题突出，施工周期过长，严重影响沈采产能建设进度。经反复论证，决定沈 273-H205 井、沈 273-H202 井和沈 273-H206 井三开施工均使用工程院自主研发的低成本高效封堵油基钻井液体系，一次应用成功。该钻井液体系对比前期在同等条件下施工的水基钻井液井，平均机械钻速提高 41.5%，钻井周期降低 41.8 天，完井周期节约 66 天，单井平均节约 512 万元，综合成本下降 39.6%，为辽河油田致密砂岩油藏规模建产提供技术借鉴。

【长城钻探自主研发热响应水泥浆体系在辽河油田热采井首次成功应用】 2022 年 12 月 4 日，长城钻探自主研发的热响应水泥浆体系在辽河油田稠油热采井现场首次应用，施工顺利完成。根据固井质量评定标准，热响应水泥封固段声幅均在 10% 以下，质量达到优质水平。该技术的成功应用，标志着热响应水泥浆技术获得重要突破，打破国外公司对该项技术的垄断。

以往使用的耐高温水泥浆体系，只能保证水泥石高温下强度缓慢衰减，但难以解决水泥环在高温高压循环载荷下长期完整性的问题，导致水泥石无法持续封固井筒以及对套管的保护作用，最终造成井筒密封完整性失效，造成整口井报废。

为解决此技术难题，长城钻探以国内外稠油热采井的市场技术需求为导向，历时 6 年进行国内外行业调研 10 余次，行业技术交流 20 余次，查阅行业相关国内外学术文献 1000 余篇，通过上千次的室内实验，结合水泥石力学和热学性能，自主开发形成具有自主知识产权的长期力学热学水泥环完整性特性的热响应水泥浆体系。该热响应水泥浆技术可以耐 350℃ 高温，在该温度条件下，水泥石强度不衰减，高温后渗透率仍保持较低水平、抗拉抗折抗冲击强度良好，且具有良好的保温特性；在多轮次 350℃ 温度和高压载荷后仍具有良好的水泥环完整性特征。该技术已获 2 项发明专利授权，形成 5 项配套的固井外加剂产品。热响应水泥浆体系的自主研发成功，可为辽河油区稠油热采井蒸汽吞吐、蒸汽驱等作业提供一种更高质量的固井新方法，为辽河油田稠油热采井的长期稳定开采增添一项利器，具有广阔的应用前景。

2022年12月4日，长城钻探自主研发的热响应水泥浆体系在辽河油田稠油热采井现场首次成功应用，施工完成。根据固井质量评定标准，热响应水泥封固段声幅均在10%以下，质量达到优质水平。该技术的成功应用，标志着热响应水泥浆技术获重要突破，打破国外公司对该项技术的垄断。图为热响应水泥浆体系在辽河油田稠油热采井应用现场（魏继军 摄）

【长城钻探自主研发压裂液体系在华北油田首次成功应用】 2022年12月15日，由长城钻探自主研制的GW-CF低残渣压裂液体系在华北油田苏75、苏43区块首次成功应用，以优异的产品性能和施工表现，获甲方书面表扬。

GW-CF低残渣压裂液体系于2012年设计完成，具有残渣低、摩阻低、使用浓度低、耐温剪切性能好、携砂能力强等优点，为国内首创，2012年12月获集团公司科学技术进步奖二等奖，产品性能经鉴定达到国际先进水平，被评为国家高新技术产品。2022年，该产品成功应用于苏75区块、苏43区块41口井的施工中，过程压力曲线平稳，按设计完成加砂，压后产气量超过预期，实现储层改造的效果，以专业高效的技术服务树立优质的品牌形象。

【长城钻探膨胀管补贴修套技术创密封承压世界纪录】 2022年12月23日，中油技服发来贺信，对长城钻探自主研发的高承压膨胀管补贴修套技术在川渝页岩气、大港页岩油和中油煤层气等多个油田成功应用，创造威204H19-1井套管补贴密封承压97.8兆帕的国内外最高纪录表示祝贺。此前，国外密封承压最高66.9兆帕，威204H19-1井密封承压比该纪录提升46%。

面对川渝深层页岩气套损井补贴修复后密封承压高、通径大和耐高温等技术难点，长城钻探开展技术升级改造，重点突破高性能膨胀管材、金属复合密封、高强度液压膨胀工具、无台阶抗冲蚀端口处理和底堵免钻胀捞一体化等关键技术，达到密封承压大于90兆帕、耐温超过150℃、内通径大于90毫米和锚定力大于80T的补贴加固能力，满足页岩气大规模体积压裂井筒完整性要求。

长城钻探在威204H19-1井成功完成2处套损补贴修复，创造密封承压

97.8 兆帕国内外最高纪录，为后续顺利实施 16 段桥射联作体积压裂提供井筒保障。

【长城钻探中标科威特国家石油公司 26 亿元超级大单】 2022 年 10 月 18 日，长城钻探公司收到科威特国家石油公司（KOC）的 3 钻 4 修授标函，合同期为 5+1 年，合同额约 26 亿元。标志着长城钻探在科威特高端市场取得重大突破，同时创下近 10 年来海外市场合同额最高纪录。该项目的中标，对于扩大长城钻探市场份额，培育新增市场创造有利条件，为进一步拓展海外市场业务奠定坚实基础。

（杨晓峰）

中国石油集团渤海钻探工程有限公司

【概况】 中国石油集团渤海钻探工程有限公司（简称渤海钻探）是中国石油天然气集团公司的全资子公司，是集石油工具、仪器、设备研发、制造及技术服务为一体的专业化、国际化石油工程技术服务公司。2022 年底，资产总额 307.5 亿元；各类施工队伍 1300 余支；用工总量 19242 人，其中，大学本科以上学历人员占比 40.4%。

2022 年，渤海钻探坚持走"管理技术型"发展道路，提升"五种能力"，打好"六大战役"，实现营业收入 210.45 亿元、同比增长 11%，完成钻井进尺 600.18 万米，压裂 6801 段，生产天然气 15.76 亿立方米，全面完成集团公司下达的各项任务。被评为集团公司生产经营先进企业、质量健康安全环保节能先进企业。

【市场开发】 2022 年，渤海钻探国内坚持以效益为中心，持续优化市场布局，跨区域调整钻机 28 部，创收 187.94 亿元，增长 10.4%，其中大港、华北属地市场增长 0.1%、集团公司内部其他市场增长 13.1%、国内社会市场增长 8%。国际坚持"稳老拓新"，创收 22.51 亿元，增长 16.9%，其中伊拉克和印度尼西亚市场分别增长 27.3% 和 82.5%。剔除委内瑞拉和伊朗市场影响，设备动用率 73%，提高 38 个百分点。技术服务业务收入 155.2 亿元，增长 11.9%，占比达到 52.7%。其中，压裂、钻井液、固井、录井收入分别增长 10.1%、26.6%、14%、13.9%。服务范围持续拓展，从单井向区块、单项业务向全产业链一体化延伸，创收 152.6 亿元，增长 7.8%。服务模式持续创新，在塔河南岸 6 口开发井推行非目的层风险总包、目的层联合管理，在吉林流转区块实施钻试一体化总包。

渤海钻探主要生产经营指标

指　　标	2022年	2021年
录井（口）	3013	2353
钻井（口）	1802	1714
钻井进尺（万米）	600.18	506.75
完井（口）	1813	1642
固井（口）	2073	1846
井下作业（井次）	3780	3836
试油（层）	1763	1520
收入（亿元）	210.45	185.21

【服务保障】　2022年，渤海钻探打出满深8等3口千吨井，张海21-22井、临华5X1井等42口百吨井。其中，天湾1井单层测试日产气75.82万立方米、油127.2立方米，助力南缘深层构造勘探取得重大突破，获集团公司2022年度油气勘探重大发现特等奖；保障塔里木盆地库车坳陷博孜1和大北12气藏外围勘探取得重要进展，获集团公司2022年度油气勘探重大发现二等奖；在保清1X井、高77X井等取得重大突破，助力老区新凹陷发现规模储量区。开展"单队单机提效年"活动，国内自营钻井进尺468.4万米，同比增长16.9%；钻井平均单队进尺19849米，增加3023米；压裂平均单队施工377段，增加41段。创工程技术指标206项，其中，满深71井创集团公司8000米以上井周期最短纪录，兴华11-4井刷新集团公司6000米以上井周期最短纪录，青海英雄岭页岩油先导试验平台刷新干柴沟区块24项纪录。事故复杂防控方面，推广两级井长制，落实工程技术与工程作业智能支持中心（EISC）合署办公，优化技术措施，钻井事故复杂时率3.21%，降低0.65个百分点；探评井试油事故复杂时率0.27%，降低0.3个百分点。项目管理方面，在青海英雄岭页岩油、冀东高5区块致密油、大港官页页岩油推行项目管理，务实匹配责权利，项目技术协作和生产运行效率大幅提升。油气合作开发方面，推行工程地质一体化，加快产能建设，19口井获高产，全年产气15.76亿立方米，创收14.1亿元。精细地质研究，优选有利目标区10个，落实地质储量55.6亿立方米。强化低效井治理，增产天然气2.08亿立方米。

【安全环保井控】 2022年,渤海钻探井控管理落实"两个100%"要求,正确处置溢流32井次。严格过程管理,高风险地区、关键井段实施监督包片包井段管理,落实现场管控责任,守住井控安全底线。完善两级QHSE职责,健全全员岗位安全生产责任清单,开展履职督查,安全职责进一步压实。开展基层队HSE标准化建设,强化现场风险分级管控和隐患治理,提升现场安全水平。监督审核方面,落实安全生产15条措施,开展综合审核定级、重点单位诊断评估、外部项目"驻点"审核、专项审核,查处单位违章34起,特别严重违章37起,重复性问题223个。升级特殊敏感时段、外部项目启动阶段和"六新"风险防控,开展危险化学品、燃气安全、吊装作业等专项风险整治。狠抓承包商专项整治,停工整顿14支,清退6支。科学精准开展新冠肺炎疫情防控,开展差异化健康查体,对患慢性病员工进行重点监护,落实四级干预措施,员工健康管理水平稳步提升,渤海钻探通过集团公司健康企业验收。

【创新驱动】 2022年,渤海钻探通过省部级成果鉴定12项,新认定集团公司级自主创新重要产品1项。制修订行业标准7项、集团公司企业标准9项,获专利授权101件,获省部级科技奖励14项。"BH-VDT垂直钻井技术"通过集团公司10项重大科技成果规模化转化示范项目和2022年度十大科技进展初审。研发形成BH-VDT3000垂直钻井工具、BH-RSS2.0系统、电控精细控压系统等10种工具仪器装备,升级BH-WEI等5类井筒工作液体系。其中,BH-RSS2.0系统现场试验23口井,最大井斜101.12度,最大造斜率9.3度/30米。培育成果转化项目40余项,实现创收5.11亿元。4项成果申报集团公司科技成果转化创效奖,"BH-MSP可溶桥塞"被认定为集团公司自主创新重要产品。承接油气田横向科研攻关课题23项,创收1700余万元。制定"数智渤钻"建设实施方案,打造首批数字化转型场景,完成动力设备油耗监测、现场数据应用等信息化项目建设。承担中油技服EISC系统试点任务,推动数字化与业务融合。征集淘金成果407项,筛选形成公司级成果119项,实现创效4583万元。

【资源配置】 2022年,渤海钻探多渠道组织钻机、带压作业、电驱压裂等生产急需设备100余台套,内部调剂钻机、压裂装备10台套。推进装备电驱化、自动化、清洁化,钻机电代油和电驱压裂用电量突破4.3亿千瓦·时,增长72%;升级改造钻机5部,投用环保型钻井动力设备150台。完成60个项目集中采购,严格物资入库和现场质量管理,强化单井物资消耗管控,节支2.3亿元。组织实施"六定"工作,盘活内部人力资源,单位间调剂1073人,对外输出290人,压减社会化用工1168人,劳动生产率提高15.54个百分点,节约用工成本6500万元。

【人才强企】 2022年，渤海钻探加大高层次人才引育力度，引进长江学者1人、博士7人。深化专业技术序列改革，新增企业首席专家1人、高级专家15人、技术专家和工程师549人。1人获评全国技术能手，3人被确定为集团公司"石油名匠"重点培育对象。

【精益管理】 2022年，渤海钻探提前完成改革三年行动59项任务，获评集团公司三项制度改革考核一级，三年压减三级机构94个、基层干部职数137个。整合原第四钻井公司、第五钻井公司，撤销总包公司，组织机构进一步优化。在川渝页岩气和巴彦市场，实行"项目实体化＋服务专业化＋资源集中化"管控模式，管理效能进一步提升。以"质效双增、价值创造"为主线，实施"七项工程"，实现增效5.3亿元。其中运输管理节支1100万元，资金营运创效3200万元，争取财政税收等政策优惠1.4亿元，审计、巡察、专项检查增效749万元。坚持"三个优先"投资策略，保障重点项目需求，投资22.2亿元。对重点项目开展后评价，实现投资项目全生命周期管控。打好陈欠款清收"攻坚战"，收回以前年度欠款12.4亿元。开展"合规管理强化年"活动，推进依法合规治企"1593"工程。学习宣贯《集团公司员工违规行为处理规定》，抓好典型经济纠纷案例警示教育，制定113个岗位合规职责清单，引导员工自觉遵规守纪。开展招标、经营、投资、税务、贸易等业务专项治理，整改问题204项。

【企业党建工作】 2022年，渤海钻探严格落实"第一议题"、党委理论学习中心组学习制度和党委学习贯彻习近平总书记重要指示批示精神机制，推进党史学习教育常态化。以迎接学习宣传贯彻党的二十大精神为主线，深刻领悟"两个确立"的决定性意义，增强"四个意识"，坚定"四个自信"，做到"两个维护"。深化"四强化、四提升"主题实践活动，强化党建责任制考核，创新开展党建互联共建，抓实党建课题研究运用，基层党建"三基本"建设与"三基"工作融合不断深入。深化"四好"班子创建，推进干部年轻化，提拔使用10名"80后"中层副职领导，班子结构持续优化。聚焦全面从严治党、政治生态建设、依法合规经营等重点工作，开展专项检查监督，推进政治监督具体化常态化。对8家单位开展巡察，实现巡察五年全覆盖。严格落实中央八项规定精神，聚焦"四风"问题开展专项检查，紧盯重点领域、关键环节深化专项监督，开展"反围猎"专项行动，正风肃纪高压态势不断加强。坚持党管宣传、党管意识形态，压紧压实两级党委意识形态工作责任，防范和化解意识形态领域风险。开展"转观念、勇担当、强管理、创一流"主题教育活动和文化引领专项工作，弘扬争先文化和"四特"精神，讲好渤钻故事，凝聚干事创业正能量。开展职工代表巡视、劳动竞赛等工作，深化"三送"、金秋助学和帮扶救助慰问等活动，发放帮扶、慰问金1039万元。启动"青年马克思主义者培养工程"，组织青春建功创效系列活动，引领青年立足岗位建功立业。

（吴立新　马　强）

中国石油集团川庆钻探工程有限公司

【概况】 中国石油集团川庆钻探工程有限公司（简称川庆钻探）2008年2月25日由原四川石油管理局、长庆石油勘探局及塔里木油田的工程技术等相关业务单位组建成立，是集团公司所属工程技术服务企业，享有独立对外经济贸易和经济技术合作业务权。主营钻井工程、录井、固井、储层改造、试油修井及油气合作开发等业务，国内市场主要服务于西南油气田、长庆油田、塔里木油田，作业区域分布于四川、重庆、陕西、甘肃、宁夏、内蒙古、新疆7个省（自治区、直辖市）；海外市场主要集中在土库曼斯坦、巴基斯坦、厄瓜多尔等国家，同时服务于壳牌、道达尔等国内反承包项目及地方企业。截至2022年，川庆钻探坚持服务油气与效益发展相统一，高质量服务四川盆地安岳龙王庙气田、长宁—威远国家级页岩气示范区、鄂尔多斯盆地陇东致密油气、塔里木盆地富满气田、土库曼斯坦阿姆河及复兴气田产能建设等一批重大工程、重点项目建设，先后打成中国第一口页岩气井（威201井）、国内陆上最深天然气井（双鱼001-H6，最深9010米）、亚洲陆上最深直井（蓬深6井，最深9026米）、亚洲陆上最大水平井丛式井平台（华H100平台，共31口井），累计完成钻井进尺10530万米，生产天然气389亿立方米。先后获省部级以上科技奖193项，其中国家科技发明二等奖1项、国家科学技术进步奖一等奖2项；获授权专利2005件，其中发明专利875件。有享受国家级特殊津贴人才10人，1人入选国家"百千万人才工程"；建立博士后科研工作站，国家级科研基础条件平台5个，集团公司（省部级）科研基础条件平台2个。连续4次通过国家级高新技术企业认定，是集团公司首批创新型企业。获四川省"五一劳动奖状"。2022年底，川庆钻探有二级单位25家，机关处室17个，机关附属机构8个，机关直属机构5个。

2022年，完成钻井进尺759.23万米、同比增长14.8%，创近3年新高；压裂酸化1.55万层次、增长25%，生产天然气45.12亿立方米、增长2.3%，均创历史新高。实现营业收入376.18亿元、增长12%，创近10年新高（同口径）；完成净利润3.08亿元、增长30%，创近7年新高。

川庆钻探主要生产经营指标

指　标	2022年	2021年
录井（口）	1159	937
钻井（口）	2193	2058
钻井进尺（万米）	759.23	661.58
完井（口）	2176	1974
固井（口）	3895	3420
井下作业（井次）	3812	3042
试油（层）	2560	2139
生产天然气（亿立方米）	45.12	44.1
新签合同金额（亿元）	374.8	358
收入（亿元）	376.18	335.28
利润总额（亿元）	3.85	3.15
税费（亿元）	2.9	2.63

注：利润总额2021年与中油技服汇编同口径，考核剔除当年减值损失等因素。

【工程技术服务】 2022年，川庆钻探坚持协调、共享、均衡、高效组织生产，持续推进"四提"（提质、提速、提产、提效）工程，钻完井整体提速8%，创指标纪录55项，打成无阻流量超百万立方米高产气井82口，支撑西南油气田跨越3000万吨、长庆油田突破6500万吨、塔里木油田达到3300万吨。深化甲乙方一体协同提效，结合新冠肺炎疫情形势实施生产闭环管理，优化钻机套搬、分段钻井作业模式，国内钻机利用率94%。推进人员、物资、设施、基地全面共享，多措并举盘活用工。钻完井突出整体提速、复杂治理，平均单队进尺提升12%，5000米以上深井、页岩气井、致密油气井分别提速6.6%、10%、8.6%；推进单井创效，平均单井周期、可控成本达标率分别为72%、62%。压裂酸化优化"大平台+工厂化+长水平段"模式，压裂效率2.06段/日、提速15.1%。试油修井建立预警纠偏运行机制，新开井钻机试油平均单层周期减少12.8%。跨单位组建工程地质一体化治理团队，钻井、压裂、试油故障时率分别下降8.5%、9.5%、6.3%。海外业务抢抓市场回暖机遇，完成钻井进尺21.1万米、增长17%，实现收入增长34%；安全高效完成土库曼斯坦3口续钻井项目，3口井测试产量近千万立方米；P油田项目产量稳居厄瓜多尔同期运行的老油田增产项目首位。

【油气风险合作开发】 2022年，川庆钻探积极应对资源品位下降、限电控产、外输不畅等困难，深化"三个一体化"（地质工程一体化、勘探开发一体化、技术经济一体化），威远页岩气区块年产量连续8年硬增长，苏里格致密气区块年产量在连续11年稳产18亿立方米的基础上再上19亿立方米。威远区块，平均水平段长首次突破1900米，4米箱体钻遇率97.3%，完钻井平均周期59.6天，均创历年最优；加砂强度、液体效率创历年新高，28口测试井平均单井产量25.6万米^3/日、提高15.4%，建成3个百万立方米平台，创川渝地区页岩气最大丛式井平台（12口）纪录；措施增产4.5亿立方米，生产页岩气26亿立方米、增长2.8%。苏里格区块，总结形成"高产井"捕获模式，动态Ⅰ+Ⅱ类井比例提高8.3%，试获无阻流量超百万立方米气井9口，"西进"战略取得重大成果；措施增产4亿立方米，递减率控制在18.6%，生产天然气19.1亿立方米、增长1.7%，凝析油1.27万吨、增长15%。推进老区挖潜，川渝地区优选5个区块53口井，加强先导性试验评价，累计增产气561万立方米、油82吨。

【提质增效】 2022年，川庆钻探运用矩阵式管理，分层级分解落实106项指标，推动提质增效走深走实。国内总包深层页岩气、大安区块、盐下高含硫、塔里木迪北等一批项目，新进入延长油田市场，海外签订厄瓜多尔伊什平戈（ISHPINGO）钻井总包合同，创该国单体项目签约金额纪录（3.56亿美元）；创新增供气贸易款支付工程款模式，促成土库曼斯坦3个技术服务项目落地。建立"总部对总部、年底抵扣清算"预付款模式，开展"陈欠清收攻坚年"专项行动，压减存量合同资产，收回以前年度欠款，抓好汇兑管理、资产盘活、纳税筹划等综合创效，自由现金流大幅改善。制定26条措施精细成本管控，在大宗物资价格大幅上涨的情况下，多措并举有效节约采购资金；电代油用电5.7亿千瓦·时、增长66%，百元收入营业成本改善0.27元。完成改革三年行动任务69项、形成成果188项，"十四五"前两年机构及领导职数压减10%，二级、三级单位领导班子任期制全面实施。专题部署推进依法合规治企和强化管理6个方面举措，开展"合规管理强化年"活动，重点领域突出问题得到有效整治。

【技术创新】 2022年，川庆钻探召开科技与信息化创新大会，制定公司科技自立自强"双十条"（公司党委关于着力高水平科技自立自强、强化科技创新十条措施，公司知识产权工作高质量发展十条措施）措施，确立"八二"（80%的资源用于解决现场生产难题、20%的资源用于前沿技术攻关）原则优化顶层设计，重奖一批突出贡献个人和集体，创新氛围更加浓厚。围绕生产需求，完善复杂深井系列技术，打成8000米以上超深井7口，安全完成川东北、长庆盐下及土库曼斯坦高含硫高风险井钻探任务,以9010米创国内陆上最深天然气水平井纪录;持续升级非常规钻井系列技术,川中致密气提速36.5%,平均单井无阻流量103万米^3/日。瞄准国际前沿,实施关键核心技术攻关任务"揭榜挂帅",自研150℃旋转导向系统规模推广74口井,175℃系统完成样机总装联调;陆上井控应急救援关键装备,研究形成溢流早期实时监测预警系统和抢险破拆机器人。健全两级EISC,开发14项核心软件完善辅助决策功能,研发司钻领航仪、电子液面坐岗仪等16项产品,措施实时推达现场6507条,数字化钻井、压裂队等9项应用场景赋能落地,"数字川庆"从数据治理向数据利用、从后台支撑向一线应用的全面建设阶段迈进。

【风险防控】 2022年,川庆钻探深入宣贯新《安全生产法》,全员安全环保职责和"3+N"("3"即企业安全生产主体责任清单、重大风险管控清单、岗位安全责任清单,"N"即N种日常工作清单)安全生产责任清单进一步完善,"三标一规范"升级推进。严格落实"十五条"硬措施(国务院安全生产工作"十五条"硬措施),强化敏感时段升级管理,完成安全生产专项整治三年行动,建立健全制度措施清单571项,发现整改问题隐患9018项,重点领域风险全面受控,川庆钻探获集团公司"QHSE先进企业"称号。完善井控管理体系,优化工艺流程,升级装备配套,有效处置Ⅲ级井控突发事件12井次、溢流60井次。打好污染防治攻坚战,配合中央生态环保督察,整改隐患757项;抓好清洁生产和节能减排,节能4742吨标准煤、节水0.9万立方米;制定碳达峰碳中和路径,二氧化碳压裂用量4.2万吨,太阳能年供电能力520万千瓦·时,被集团公司认定为绿色企业。加快健康企业建设,干预调岗146人,动态调整新冠肺炎疫情防控措施,守住不发生聚集性疫情底线。

【企业党建工作】 2022年,川庆钻探制定喜迎党的二十大举措22项,推动党的二十大精神宣贯走深走实,捍卫"两个确立"、践行"两个维护"的政治自觉更加坚定。"第一议题"学习112篇,推进习近平总书记重要指示批示精神再学习再落实再提升,推动党史学习教育常态化、长效化。坚决肃清流毒影响。意识形态工作责任制有效落实。完善基层党建"三基本"建设与"三基"工作有机融合机制,推进区域党建联盟和党支部标准化规范化建设,深化"四创四当"(比创先,当标杆旗帜先锋;比创新,当攻坚克难先锋;比创造,当价值贡献先锋;比创效,当精益管理先锋)主题实践,"两个作用"(党支部战斗堡垒作用、党员先锋模范作用)充分发挥。"六型"机关创建扎实推进,服务基层满意度保持在95%以上。严格落实"两个责任",推动政治监督细化实化具体化,一体推进"三不",深入纠治"四风",采取"专项+提级"模式分别巡察2个二级单位和6个三级单位，实现对所属各级党组织巡察全覆盖；全年受理信访举报、处置问题线索分别下降33%、25%，信访量为10年最低；立案数和处分人数分别上升10%、28%，释放越往后执纪越严的信号。开展"人才强企工程推进年"活动，调整配备二级正、副干部156人次，引进海外高层次人才3人。精心组织"转观念、勇担当、强管理、创一流"主题教育，积极培育攻坚文化和家文化，选树宣传"川庆榜样"4名，3个集体获省级"工人先锋号"称号，2人获省级五一劳动奖章。统战联谊交友制度有效落实。以庆祝建团100周年为契机，创新开展团青工作。落实职代会制度，征集处理提案14件、满意度100%，建立"职工信箱"运行制度。落实政策调增工资，推动全员收入稳定增长；多方筹集防疫物资、协调海外轮休，保障疫情期间员工生命安全和身心健康；健全"我为员工群众办实事"长效机制，投入专项资金1069.6万元，推动实施122项办实事项目，帮扶慰问职工613.5万元，员工幸福感、获得感、归属感更有质量。组织劳动竞赛，兑现奖励2722万元。开展合理化建议和"五新五小"活动，首次获四川省"五小"活动先进单位。抓好维稳信访安保工作，获评集团公司2022年度平安企业。积极履行社会责任，缴纳税费6.5亿元，投入430万元助力石渠振兴，消费帮扶351.7万元。

（汪亚军）

中国石油集团东方地球物理勘探有限责任公司

【概况】 中国石油集团东方地球物理勘探有限责任公司（简称东方物探公司，英文缩写BGP）2022年12月成立，前身是1973年7月成立的燃料化学工业部石油地球物理勘探局。是集团公司的全资物探专业化子公司，是以地球物理方法勘探油气资源为核心业务，集油气陆上与海上勘探、资料处理解释、综合物化探、物探装备制造及软件研发等业务于一体的综合性国际化技术服务公司。

东方物探公司是国家级企业技术中心、油气勘探计算机软件国家工程研究中心，国务院国资委深化人才体制机制改革示范企业和国家引才引智示范基地，国际地球物理承包商协会核心会员，欧洲地球物理学家与工程师协会、勘探地球物理学家协会主要会员。成立以来，始终以为国找油找气为己任，围绕建设世界一流地球物理技术服务公司目标，实施"两先两化"（创新优先、成本领先、综合一体化、全面国际化）战略，做大做强油气勘探主业，加快发展资料处理解释、综合物化探、信息技术服务、深海勘探和软件、装备研发制造等业务，实现向物探全领域技术服务的转变。陆上勘探技术实力居国际领先地位，处理解释业务建立亚洲最大的地震勘探资料处理解释中心，综合物化探业务建立全球最大重磁电及地球化学勘探与综合地质研究服务中心，深海勘探打造形成全球领先OBN勘探作业能力，软件、装备研发制造能力居国际先进水平。为全球客户在石油勘探、油气田开发、固体矿产勘查、非常规能源勘查、水资源勘查、工程地质勘查等领域提供优质服务。

2022年底，东方物探公司有中国工程院院士1人，享受国务院政府津贴专家10人，百千万人才工程国家级人选1人。在册员工24643人，其中合同化员工20130人、市场化用工4513人。按岗位性质划分，管理人员6219人、专业技术人员6324人、技能操作人员11172人、内部退养等不在岗人员928人；按队伍结构划分，油气主营业务544人、工程技术服务16307人、工程建设44人、装备制造287人、生产服务1074人、矿区服务1994人、社会服务417人、科研与设计549人、国际业务1309人、两级机关及附（直）属2118人。具有中专及以上学历人员18306人，占员工总数的74.3%；管理、专业技术人员中，具有中级及以上职称人员9204人，占管理、专业技术人员总数的76%；员工平均年龄46岁。

设备资产原值238.8亿元（含国内、国际子公司设备资产，不含无形和摊销资产），净值77.21亿元，新度系数0.32，其中国际设备原值125.36亿元，占比52.49%，国内设备原值113.44亿元，占47.51%；国际设备净值47.48亿元，占61.5%，国内设备净值29.73亿元，占38.5%。

2022年，东方物探公司统筹生产经营和新冠肺炎疫情防控，统筹国内国际两个市场，加强党的领导、党的建设，着力高水平科技自立自强，实施高效勘探，推进提质增效价值创造行动，推进公司治理体系和治理能力现代化，完成集团公司下达经营指标。营业收入189.73亿元、同口径增长2.64%，连续8年稳居全球行业首位；净利润5.06亿元、同口径增长4.23%。获2022年度集团公司先进集体，与塔里木油田共同获集团公司2022年度油气勘探重大发现特等奖和一等奖，集团公司重大油气发现成果参与率保持100%。

2022年，东方物探公司推进管理提升，强化技术服务保障能力，被河北省科技厅认定为"2022年度河北省科技领军企业"、河北省2020—2021年度地理信息产业甲级测绘资质"十佳单位"及河北省"健康企业"称号；改革案例《完善市场化经营机制，推进全面国际化发展，东方物探以改革赋能世界一流企业建设》在国资委《国企改革三年行动简报》2022第176期专刊发布；应邀参加北京服务贸易交易会及2022年中国海洋经济博览会；自主研发的EV-56高精度可控震源在"奋进新时代"主题成就展室外展出。积极开拓海外市场，提升国际竞争力，中标阿联酋阿布扎比国家石油公司 10000 平方千米过渡带超大复杂三维 OBN 处理项目。强化项目管理，突出技术引领，承担的阿联酋阿布扎比国家石油公司陆上项目采集完成，该项目是全球物探史上最大陆海勘探项目；东方物探公司创新者号（BGP INNOVATOR）DP 浅水特种作业船在阿联酋阿布扎比国家石油公司海上项目首次作业；"超大型国产油气勘探地震资料解释软件系统研制及重大应用成效"项目获 2022 年度河北省科学技术奖科技进步二等奖，"2021 年度鄂尔多斯盆地伊陕斜坡合水地区三维地震采集工程""2020 年度柴达木盆地咸东地区三维地震采集工程测量项目"均获 2022 年河北省地理信息产业优秀应用工程金奖；中油奥博分布式光纤传感系统综合研究成果"uDAS 光纤井中地震采集系统研制及应用"获中国地球物理学会 2022 年中国地球物理科学技术进步奖一等奖，中油奥博主导研发的 uDAS 分布式光纤传感地震仪获 2022 年首届"金燧奖"金奖；创新成果"BV330 型低频可控震源的研制"获集团公司第二届创新大赛生产创新工程技术专业比赛一等奖，"解决相邻工区井炮激发相互干扰的难题"获集团公司第二届创新大赛一等奖。

东方物探公司主要生产经营指标

指标	2022 年	2021 年
落实市场金额（亿元）	271.07	304.83
新签合同金额（亿元）	186.39	237.47
二维地震采集（万千米）	3.78	3.46
三维地震采集（万平方千米）	8.04	8.65
收入（亿元）	189.73	184.74
其中，国内勘探	111.09	69.32
利润（亿元）	5.01	6.96
税费（亿元）	4.18	3.02

【地球物理勘探】 2022 年，东方物探公司投入地震队 113 支，投产 230 队次，运作地震勘探项目 185 个。其中：二维地震勘探项目 56 个，完成二维地震采集工作量 37833 千米，生产炮 245.3 万炮；三维地震勘探项目 129 个，完成三维地震采集工作量 80388 平方千米，生产炮 5062.1 万炮。投入井中地震队伍 9 支，完成井中业务项目 233 个。

投入综合物化探队伍 21 支，投产 54 队次，实施 51 个采集项目。其中：重磁队投产 15 队次，实施 13 个重磁勘探项目；化探队投产 1 队次，实施 1 个微生物检测项目；电法队投产 17 队次，实施 16 个电法勘探项目；工程勘探投产 21 队次，实施 21 个项目。完成海洋重力 27011 千米；海洋磁力 30818 千米，陆上常规重力 30014 千米、物理点 128743 个；陆上常规磁力 29911 千米、物理点 123780 个；二维电法剖面 3081 千米，物理点 20467 个；工程勘察 21056 千米、工程勘探点 372347 个。

完成地震资料处理项目 242 个，其中国内项目 199 个，国外项目 43 个。完成二维地震资料处理项目 54 个，测线 1586 条，剖面长度 60260 千米，同比减少 24.0%，野外记录 1414738 炮，同比减少 31.4%。三维地震资料处理项目 182 个，一次覆盖面积 186981 平方千米，满覆盖面积 111013 平方千米，同比增长 22.8%。野外记录 11814901 炮，同比减少 44.8%。产品交付合格率 100%，项目验收一次通过率 100%。收到甲方 84 封感谢信，获 9 封优质（精品）工程证书，5 封嘉奖令，顾客满意度 97.82 分。

完成地震资料解释及综合研究项目 316 个，其中国内项目 271 个，国外项目 45 个。完成二维地震解释 698765 千米，同比减少 7.4%；完成三维地震解释 447696 平方千米，同比减少 8.1%；完成各种成果图件 3358 张。完成的项目均通过验收，成果交付合格率 100%，项目验收一次通过率 100%，客户满意度平均 97.82 分。

新发现圈闭 7693 个，总面积 78576 平方千米；复查落实圈闭 9308 个，总面积 67281 平方千米；建议各类井位 11400 口，采纳 6150 口。在集团公司国内、海外油气重大发现成果参与率均 100%。国内在风险勘探和甩开预探获得突破，配合油气田取得塔里木盆地富东断控高能滩、准噶尔盆地南缘深层天然气、四川盆地海相页岩气新层系、渤海湾保定凹陷清苑构造带等 4 项重大突破和成果；重点地区和重点领域集中勘探取得新进展，配合油气田发现和落实 9 个亿吨级和 9 个千亿立方米级规模储量区。海外配合集团公司在乍得、尼日尔、滨里海盆地、阿姆河右岸、巴西阿拉姆等区块持续实现勘探突破，为集团公司海外资源战略实施提供技术支撑。

向油气新能源公司建议二维地震采集 12144 千米，被采纳 7642 千米，由东方物探公司施工 7642 千米；向油气新能源公司建议三维地震采集 39375 平方千米，被采纳 25873 平方千米，由东方物探公司施工 25873 平方千米。

【市场开发】 2022 年，东方物探公司坚持外拓市场保规模、内抓项目提效益、优化结构稳增长。国内树立"为油田创造价值，物探才有价值"的理念，海外坚持"线上＋线下"营销相结合，组建国际化市场营销团队，主动营销。落实市场价值工作量271.1亿元,新签市场价值工作量186.4亿元,完成年度市场指标。

推进高层访问,推动落实主要领导带队拜访油气田企业,完成西南油气田、塔里木油田、大庆油田、新疆油田、长庆油田、浙江油田、CNODC及中国地质调查局、上海申能集团、新疆互盈企业管理公司、核工业航测遥感中心等13家客户高层访问交流,与西南油气田、新疆油田、新疆互盈企业管理公司等6家新老客户签订战略合作协议。国际业务营销团队对中东、欧洲、东南亚、拉美区域40余家重点油公司开展交流访问,直面客户高层开展技术推介100余场。面向94家国内外勘探业务客户开展客户满意度调查,调查覆盖率100%,综合评定客户满意度96.8分。

开展技术服务营销,组织编写高层访问交流报告23篇,组织与大庆油田、青海油田、辽河油田等8家油田公司"一对一"技术交流。组织市场营销活动,承办新区新领域及风险勘探研究项目中期检查会、股份公司2022年物探技术攻关开题论证等专业会议。参加油气和新能源分公司组织的勘探年会、半年工作会、勘探部署总体设计审查会、重点物探项目工程设计审查会等会议50余次,落实框架投资工作量二维3971千米、三维15679平方千米;落实加大勘探部署二维4443千米、三维8153平方千米,价值工作量35亿元;推动提前实施工作量三维4923平方千米。国内市场落实139.3亿元,其中新签合同114.5亿元。组织参加应用地球科学和能源国际会议(IMAGE)等国际展会和苏里南油气峰会、挪威物探峰会等行业活动,举办阿曼、沙特、阿联酋、埃及、科威特系列技术研讨会,扩大公司行业影响力。在阿联酋获阿布扎比国家石油公司框架协议延期、中标ENI项目,在阿曼打开OQ公司市场、PDO项目延期3年,在伊拉克获DNO项目等。国际市场落实131.7亿元,其中新签合同71.9亿元,项目中标率71%。

调整新能源专班组织机构,组织召开3次专题工作推进会,成立首席专家牵头新能源技术攻关组,加大技术攻关力度。参与国家及集团公司新能源重大科研课题4项,自立科研课题开题2项。组织国内外单位对接落实各探区新能源业务发展方向和重点工作,加大新能源市场开发力度,快速推进华能正宁CCS、阿曼CCS地震+非地震项目、西集—凤河营地热勘探项目、青海共和干热岩项目、四川及内蒙古加油站光伏项目,组织青海风、光、储游离电站攻关试验,开展研究院计算中心增设光伏、储能可行性研究,取得阶段性成效。推进储气库服务新业务,依托大港储气库服务项目加快完善盐穴型、废弃油气藏型储气库配套技术系列。

【科技创新】 2022年，东方物探公司投入科研经费7.86亿元，强度为4.15%。获授权专利61件，其中国内发明专利45件、PCT专利6件，1项获第23届中国专利优秀奖；海洋OBN勘探技术入选集团公司年度十大科技进展，uDAS仪器获中国光学工程学会技术发明一等奖和首届"金燧奖"金奖。释放GeoEast2022最新版本，股份公司"2919"工程落地实施；KLSeis性能持续改进，形成"应用一代、储备一代"的格局。研制升级版节点eSeis Neo，海洋节点oSeis研发获新突破。"两宽一高"技术应用领域扩大，横波源矢量勘探技术在大庆、四川等地区开展先导性试验，陆上3D-VSP成像技术在王窑井地联采项目获高品质资料。编制数字化转型试点方案并通过评审。打造智能决策生产指挥体系，支撑项目高效生产。发布智能化地震队4.0版本，累计在200多个项目中运用，作业效率整体提高8%以上。开展"处理解释技术攻坚年"活动，推动OBN处理、高精度建模成像等关键技术加快突破并实现成果转化。创新科研组织模式，推进"三共"（共建、共享、共赢）研发机制，开展科研攻关项目"揭榜挂帅"。

【企业改革】 2022年，东方物探公司落实集团公司改革三年行动、提质增效专项行动和组织体系优化提升工程的工作要求，对2个二级单位进行资源整合，将河北东方石油建设工程有限公司整建制划转新兴物探开发处。开展经营机制转换，将二级单位采集技术中心由费用单位调整为内部经营单位，按照市场化模式运作，内部实行有偿服务。对公司机关机构编制进行优化提升，撤销公司机关职能部门及附属单位，直属机构内设科室，实行岗位管理，设置机关职能部门14个，编制225人；机关附属单位2个，编制53人；直属机构2个，编制54人。对所属各单位组织体系进行优化提升，开展"五定"（定机构、定编制、定岗位、定职责、定岗位工作说明书）工作，重新核定机构设置、人员编制和领导职数。推进中油奥博（成都）科技有限公司（简称中油奥博）"科改示范行动"国企改革专项工程。实施领导干部任期制契约化管理，两级组织体系优化改革率先完成。开展亏损治理和法人压减专项行动，超额完成中油技服下达指标。

【经营管理】 2022年，东方物探公司提质增效成效显著，实现效益提升6.55亿元。强化全过程降本增效，百元收入营业成本下降0.35个百分点；健全经营压力传导机制，对钻井、放线、车辆租赁、货物运输等外包业务实行区域招标，压缩成本7500多万元。加大清欠力度，回收中高风险欠款3.5亿元，其中计提坏账欠款1.19亿元。

开展"合规管理强化年"活动，创建法治建设示范企业，落实经营合规专项工作。加强人力资源管理,通过公司内部、集团公司企事业单位间和对外创收市场等渠道盘活人员约 4000 人;推动中油 e 学智慧学习平台建设,2.3 余万人上线学习、总时长 82 万小时。投资管理为国内外重大勘探项目实施提供支撑。强化核心装备集中管理,加大调剂力度,仪器利用率 78%,海外盘活 7.8 亿装备资产、节约投资 7800 余万元。大宗关键物资采购节约资金 1.1 亿元。标准化、计量、档案、外事等工作取得新进展,督查督办在推动决策落实中发挥重要作用。发挥审计、内控、合规等联合监督作用,加强数字化审计,促进完善制度 29 项。

【健康安全环保】 2022 年,东方物探公司强化全员责任落实,狠抓现场风险管控,推进健康企业建设,加强生态环境保护,保持良好的 HSE 业绩。安全生产 133 个百万工时,百万工时可记录事件率 0.08,获河北省"安全生产先进企业和健康企业"称号、2022 年度集团公司质量健康安全环保节能先进企业和健康企业建设达标企业,保持集团公司社会安全管理体系五维绩效考核"卓越级"成绩。

优化 HSE 体系文件,开展体系内审和第三方监督审核,修订 3 个标准、5 项管理制度。开展基层站队 HSE 标准化建设,召开第六届 HSE 标准化现场交流会,总结推广 25 项优秀成果,评选出 5 支公司级标准化示范站队。推进安全文化建设,参加全国安全知识竞赛,获集团公司团体第一名。开展"安全生产里程碑"活动,32 支地震队实现百万工时无 LTI(损失工时工伤事故),3 支地震队获 2022 年度中油技服"安全里程碑竞赛优秀队伍"称号。开展专项整治行动,落实全国安全生产大检查要求,投入 1.9 亿元隐患治理资金,识别治理隐患 13 万余条。抓好民爆物品管理,推广"五化+两控"(流程信息化、过程视频化、操作标准化、监控智能化、目标本质化,控制下药数量、控制下药范围)管控模式,开展项目专项评审。

加强海外 HSSE 管理,应对肯尼亚大选骚乱等社会安全事件,强化国际项目风险管理,阿联酋项目获阿布扎比国家石油公司卓越级承包商评价,5 支作业队实现千万人工时无 LTI。强化海上作业安全管理,研发应用全球首艘大型 DP 浅水特种勘探船。将船舶管理体系与 BMS 综合管理体系相融合,首次实现双体系 ISO 同步认证,构建海上作业"大风险"防控体系。

开展健康企业建设,发布物探队健康企业建设标准,细化 70 项标准建设内容。强化体检结果评估应用,开展健康监测和干预,增加工作场所和野外一线医疗器械与急救药品的配备,配备健康小屋 19 套、移动医疗健康服务包 10 个、自动体外除颤仪(AED)170 个。召开 48 次新冠肺炎疫情防控领导小组会议,完善常态化疫情防控机制。国内突出抓好员工流动管控，推行探区一体化防控模式和缓冲管控机制；国际业务强化网格化管理，加强跨境旅途督导，推进海外项目人员正常倒班轮换，落实回国人员隔离观察，防范海外疫情风险。

2022年5月4日，东方物探公司海洋物探处先锋号船队历经32天远洋航行靠泊天津港。受新冠肺炎疫情影响在海外长期工作的48名员工终于回国（东方物探公司新闻中心　提供）

推进绿色企业建设，建立生态保护措施确认机制，加强管理野外作业项目环境影响评价、排污许可等重点业务，开展重点单位与场所生态环境保护专项督查，确保勘探作业生态环境保护依法合规。践行企业社会责任，推进海上绿色勘探，"物探队员守护海洋精灵"绿色作业案例入选国务院国资委《蓝色星球　绿色守护》专题视频。

【企业党建工作】　2022年，东方物探公司及下属单位党委38个，党总支57个，党支部613个。发展党员132名，党员总数13290名。其中，在岗党员12530名，离退休党员228名、其他党员532名。在岗党员中，管理人员3788名，占30.3%；专业技术人员5216名，占41.6%；操作服务人员3526名，占28.1%。男性10173名，占81.2%；女性2357名，占18.8%。

2022年，举办党支部书记和党务干部培训班，实现750名党支部书记和党务干部培训全覆盖。开展基层党建工作调研指导服务，坚持补短板、强弱项、促提升。抓实标准化党支部达标晋级考核，594个党支部达标，优秀率35%。压紧压实党建工作责任，19家二级单位党委书记、585名基层党组织书记接受评议。牵头编撰集团公司基层党支部书记培训简明教程之一《新时代中国石油党建创新与实践》。推进基层党建"三基本"建设与石油传统"三基"工作有机融合，召开东方物探公司有机融合交流会，制定基层党组织功能与管理组织职能"双向融合"指导意见，编纂出版《融合密码：国企基层党建创新实践案例集》，工作经验在国务院国资委办公厅简报专刊发布。制定实施《东方物探公司"三亮四比"创先争优活动实施办法》，开展党员"三亮四比"（亮身份、亮职责、亮承诺，比政治素质、比业务技能、比作风形象、比工作业绩）创先争优活动，打造党建品牌。深化"铁人先锋"党建信息化平台应用，综合成绩位列集团公司所属企业前列。评选表彰 200 个优秀党员先锋岗和责任区，在科研生产、项目运作、经营管理、新冠肺炎疫情防控等领域选树先进模范标兵，引导干部职工恪守初心担使命，立足岗位当先锋创一流。在集团公司 2021 年度党建责任制考核中获"A+"。

【和谐企业建设】 2022 年，东方物探公司强化宣传思想文化建设，开展"转观念、勇担当、强管理、创一流"主题教育活动，岗位实践 2 万多人次，形成强管理举措 2800 多条。加强正面宣传，在《人民日报》、新华网、中央电视台等媒体刊发新闻报道 46 篇，海洋绿色作业案例获国务院国资委第四届"一带一路"百国印记"人气短片奖"。开展"奋进十四五、建功在东方"主题劳动竞赛，承办集团公司第二届创新大赛生产创新工程技术专业比赛，1 人入选中国能源化学地质工会"大国工匠"，2 个基层创新项目获中国创新方法大赛全国总决赛优胜奖。强化职工思想政治引领，举办物探职工首届"文艺党课"，代表河北省总工会获全国职工学习党的二十大精神知识竞赛团体赛二等奖。开展送温暖和困难帮扶活动，举办青年马克思主义者培养工程培训班，推进青年精神素养提升工程。加强保密管理、维稳信访和安保防恐工作，持续巩固脱贫攻坚成果，树立负责任企业形象。

【国家重点专项子课题通过验收】 2022 年 3 月 21 日，东方物探公司物探技术研究中心联合国家超级计算天津中心共同承担的课题"新一代海上高精度地震海量数据处理基础支撑平台与关键技术"通过专家组验收。该课题是国家"深海关键技术与装备"重点专项项目"新一代海上高精度地震海量数据处理软件平台研发"的子课题。历时 2 年，课题组研发形成新一代海上地震数据高性能处理软件平台 GeoMarine，取得 5 项创新成果，实现海上地震数据高性能处理软硬件平台自主可控，为中国深海资源开发利用和海洋强国建设提供科技支撑。

【中油奥博入选国务院国资委"科改示范企业"】 2022 年 3 月 22 日，东方物探公司中油奥博（成都）科技有限公司入选国务院国资委"科改示范企业"。中油奥博是以分布式光纤传感技术为核心的高新技术企业。2019 年成立以来，持续推进科技创新和管理创新，加快智能光纤油藏技术创新研发和产业化发展，打造以 uDAS 为核心的系列装备和下井工艺，发展光纤智能油藏地球物理技术系列，服务于国内 13 家油气田企业，有力支撑东方物探公司从勘探向开发领域延伸。

【全球物探史上最大陆海勘探项目阿联酋 ADNOC 陆上项目完工】 2022 年 3 月

24日，东方物探公司国际勘探事业部阿联酋项目部承担的阿联酋 ADNOC 项目陆上采集区块完工。该项目陆海施工面积5.5万平方千米，采集设备20万道。历时两年半，国际勘探事业部8615队和8615B队完成15个区块陆上生产任务，勘探面积超4.6万平方千米，取得2100万安全人工时的成绩，为甲方提供快速、优质、超值服务。

2022年3月24日，东方物探公司国际勘探事业部阿酋项目部承担的阿联酋 ADNOC 项目陆上采集区块完工（东方物探公司新闻中心　提供）

【东方物探公司古龙页岩油水平井光纤布设任务完成】　2022年5月8日，东方物探新兴物探开发处2501—2508联队和中油奥博在大庆油田古龙页岩油试验区完成国内最长水平段套管外光纤布设任务，光纤下井深度4888.99米，水平段2176米，总水平位移2597米。新兴物探开发处和中油奥博与大庆油田进行11轮方案讨论，优化钻井轨迹，改进下井工艺及工具，研发新型光缆，确保项目运行。

【东方物探公司中标全 OBN 节点采集三维超大过渡带处理项目】　2022年5月26日，东方物探公司研究院海外业务部收到阿联酋阿布扎比国家石油公司授标函，中标10000平方千米过渡带超大复杂三维 OBN 处理项目。该项目由东方物探公司海洋物探处采集施工，是当前全球最大采用全 OBN 节点采集的三维过渡带项目。本次中标项目地震资料处理全流程使用具有自主知识产权的 GeoEast 软件运作，将面临中东海湾地区浅水多次波压制、超大复杂过渡带施工区一致性处理、低幅构造区高精度速度建模、海量数据最小二乘偏移成像处理等技术挑战。

【东方物探公司测绘业务获河北省地理信息产业双项荣誉】　2022年8月5日，在河北省2020—2021年度地理信息产业甲级测绘资质评选中，东方物探公司获"十佳单位"称号。在2022年河北省地理信息产业优秀应用工程评选中，东方物探公司"2021年度鄂尔多斯盆地伊陕斜坡合水地区三维地震采集工程""2020年度柴达木盆地咸东地区三维地震采集工程测量项目"双获金奖。东方物探公司装备服务处打造智能化地震队、VTS系统、PPK+技术、新一代震源导航、Dolphin综合导航系统等测绘和信息化技术成果，有效增强服务保障能力。

【东方物探公司BPS500声学定位系统通过Verif-i公司认证】 2022年8月18日，东方物探公司自主研发的BPS（Benthal Positioning System）500声学定位系统通过Verif-i公司资格认证。该系统是东方物探公司西安物探装备分公司针对过渡带地区海底地震勘探及海洋工程勘察工作研发的水下声学定位设备，基于声波的传播特性，能够精准确定水下目标的空间位置。

【中油奥博获2022年中国地球物理科学技术进步奖一等奖】 2022年8月19日，中油奥博分布式光纤传感系统综合研究成果"uDAS光纤井中地震采集系统研制及应用"，获中国地球物理学会2022年中国地球物理科学技术进步奖一等奖。该研究成果打造以uDAS为核心的系列装备和下井工艺，创新3项光缆安置工具与工艺，突破4项关键技术，完成uDAS®系列地面采集主机研制，解决井下光缆布设难题。自主研发1套光纤现场解调处理软件系统，保证现场高效采集。项目成果已在长庆、大庆、新疆、西南、浙江、华北、大港、冀东等13个油田分公司成功应用。

【东方物探公司应邀参加北京服务贸易交易会】 2022年8月31日，应河北省商务厅邀请，东方物探公司参加2022年中国国际服务贸易交易会京津冀数字服务国际合作协调推动机制启动仪式，并在京津冀协同发展联合展区参展。东方物探公司设置综合展示区，系统介绍东方物探公司的技术实力和企业发展成果，采用虚拟现实方式展示大型国产物探工业软件GeoEast在国内重点盆地油气勘探开发中取得的成效。应邀参加京津冀服务贸易和服务外包协同发展论坛、保定市主题日等活动，作为签约方参加河北省服务贸易重点项目签约仪式。

【《国企改革三年行动简报》刊发东方物探公司改革案例】 2022年9月11日，东方物探《完善市场化经营机制、推进全面国际化发展，东方物探公司以改革赋能世界一流企业建设》改革案例在国务院国资委《国企改革三年行动简报》2022第176期专刊发布。东方物探公司改革案例从"科研市场化机制、市场化选人用人、聚焦市场配置资源"三方面，整体展示东方物探公司"全面国际化"的主要做法与实践成果，总结东方物探公司深化国资委管理提升、集团公司对标提升"双标杆"企业建设的经验，为国资国企改革提供"东方样本"。

【东方物探公司获河北省"健康企业"称号】 2022年10月20日，东方物探公司获河北省"健康企业"称号。2021年以来，东方物探公司持续推进健康企业建设工作，重点做好组织、制度、技术、经费、培训、责任等"六保障"，形成现状调查、健康体检、健康评估、健康干预、文化建设、应急能力建设"六模式"健康管理模型，有效落实健康企业建设责任目标，被作为企业优秀案例进行推介。

【运投型载重无人机在物探项目中获应用】 2022年10月，在塔西南乌依塔格三维项目，东方物探公司塔里木物探处运用运投型载重无人机运投采集设备物资，支持物探队野外班组作业。该项目试飞机型为联合航空公司研制的TD300F载重50千克运投型无人机，试飞团队完成12架次、总飞行时间7小时43分钟的任务，协助物探队投放设备物资758.4千克，完成采集外设转运。

【EV-56高精度可控震源参展"奋进新时代"主题成就展】 2022年10月，东方物探公司自主研发的EV-56高精度可控震源在"奋进新时代"主题成就展室外展区展出。EV-56高精度可控震源，包括高精度可控震源技术和高精度可控震源结构2大系列5项关键核心技术，激发信号从3—100赫兹拓展到1.5—160赫兹。应用于国内外百余个勘探项目，为高精度、高效率、安全环保油气勘探开发提供核心装备支撑，推动中国石油深层油气勘探取得系列突破。

【长庆物探处课题在"一带一路"合作国际学术会议上作学术交流】 2022年11月12日，在教育部批准举办的"数据社会与数字经济暨'一带一路'合作国际学术会议"上，东方物探公司长庆物探处课题"鄂尔多斯盆地三维地震高效勘探数据特征分析"作在线直播报告。报告分7方面汇报鄂尔多斯盆地三维地震高效勘探产生的时代背景、地质需求、部署理念、"两宽一高"地震技术及配套技术装备发展历程、技术数据特征，发现页岩油大油田、页岩气大气田，推动盆地油气勘探开发高质量发展等。大会对报告涉及的油气行业技术进步的专业性给予高度肯定，对数字科技发展给艰苦行业工作人员带来的改变表示赞许。

【东方物探公司在集团公司第二届青年科技创意大赛中获奖】 2022年11月16日，在集团公司第二届创新大赛青年科技创意比赛中，东方物探公司选送的青年科技创新大赛报告获工程技术专业赛道二等奖2个、三等奖1个。东方物探公司新疆物探处张录录团队《高清地下地质影响的地震采集密度设计》报告，通过建立地震采集密度与地下地质影响分辨地质体尺度能力的量化关系，实现经济技术一体化的地震采集密度参数设计。研究院朱俊诚团队《基于等效介质理论的压力预测方法研究与软件实现》报告，形成地震压力预测的方法和流程及软件，满足科研生产在压力预测方面的需求。采集技术中心张洪涛《地震波波前人工智能定位方法研究》报告，通过人工智能改进初至数据处理流程，提高拾取精度，减少人工工作量。

【东方物探公司 DP 浅水作业船在中东首次作业】 2022 年 11 月 25 日，东方物探公司创新者号（BGP INNOVATOR）DP 浅水特种作业船在阿联酋阿布扎比国家石油公司海上项目首次作业。该船是东方物探公司已有船舶国产化率最高的一艘大型特种作业船舶，具备全电力推进、综合导航、震源激发、节点收放、数据采集、质量控制等一体化船载作业能力，安装有 KLseis 采集系统、Dolphin 综合导航等具有自主知识产权软件。自主研发的节点自动摘挂功能，收放效率比手动摘挂提高 50% 以上。自主设计和研发的节点收放系统和气枪收放系统，使船舶同时具备节点收放和气枪震源（双源）2 种功能。该船最浅吃水 2.5 米，为浅水过渡带业务提供高标准解决方案。

2022 年 11 月 25 日，庆祝东方物探公司创新者号（BGP INNOVAOR）加入 ADNOC 项目的典礼在阿布扎比港口内举行（东方物探公司新闻中心　提供）

【东方物探公司"海洋重器"参展 2022 年中国海洋经济博览会】 2022 年 11 月 24—26 日，东方物探公司代表团应邀参加在深圳福田会展中心举办的 2022 年中国海洋经济博览会。中国石油展区位于 1 号展馆，东方物探公司展示自主设计建造的全球首艘 DP 浅水特种作业船 BGP 创新者号、oSeis 深水海洋节点、海底电磁采集站等"装备重器"，以及自主研发的海洋地震采集设计与现场实时质控软件 KLSeis Ⅱ 蓝鲸系列和地震数据处理解释软件 GeoEast 等"技术利器"。

【国内首次水平井避光纤多相位定向分簇射孔作业完成】 2022 年 11 月 30 日，由东方物探公司中油奥博、新兴物探开发处 2508 队承担的浙江油田页岩气光纤压裂监测项目完成。中油奥博利用自主研制的光纤 DAS/DTS/DSS 仪器，完成现场数据采集及处理解释。通过光纤传感监测技术全方位智能监测整个压裂过程，动态播报各射孔簇射孔情况，现场实时评价各压裂簇加砂进液效果、桥塞封堵情况及暂堵转向情况，辅助现场施工作业制度实时调整，保障压裂施工质量。将光纤监测与微地震监测相结合，实时评价井下套管完整性，动态分析各压裂段套变风险，有效避免该平台套变发生。

【东方物探公司获第九届全国科普讲解大赛二等奖】 2022年12月21日，东方物探公司《石油地球物理勘探给地球做"CT"》获科学技术部主办的第九届全国科普讲解大赛总决赛二等奖。东方物探公司研究院张芊介绍地震勘探原理、方法、流程、作用及贡献等内容，展现东方物探公司自主创新产品G3iHD有线地震仪器、eSeis无线节点仪、EV56高精度可控震源、GeoEast地震数据处理解释一体化系统等。

【东方物探公司获集团公司第二届创新大赛生产创新工程技术专业一等奖】 2022年12月23日，东方物探公司装备服务处赵帅创新工作室成果"BV330型低频可控震源的研制"获集团公司第二届创新大赛生产创新工程技术专业比赛一等奖。集团公司技能专家赵帅领衔的团队采用"问题拆分+TRIZ为主+CAI及其他辅助+云数据支撑"技术，创新形成驱动马达与传动轴并排布设、振动器活塞杆内置油道、振动泵低频段高压流量补充装置和空腔栏栅结构设计等4大技术，优化升级29项技术方案。在激发能量不变、信号稳定的前提下，为黄土塬地区量身研制BV330低频可控震源，该震源体积比常规震源缩小1/3，实现小轮廓震源激发大能量，解决黄土塬地区可控震源施工受限技术难题。

【"分时协同"创新成果获集团公司第二届创新大赛一等奖】 2022年12月25日，东方物探公司西南物探分公司装备制造与服务中心研制的"解决相邻工区井炮激发相互干扰的难题"创新成果获集团公司第二届创新大赛一等奖。装备制造与服务中心研制的协同激发系统，通过控制各工区地震仪与遥爆系统的激发指令、按同一动作规则、统一调度传输的方式解决相扰难题。

【东方物探公司南充三维项目野外采集竣工】 2022年12月26日，东方物探公司承担的2022年集团公司重点勘探项目——四川盆地大川中南充地区三维地震勘探项目野外采集竣工。该项目工区被列为东方物探公司"头号工程"，井炮及震源激发点超20万个，接收点超40万个，分西区和东区2块，由西南物探分公司物探212—255联队及203—231联队采集作业。项目实施打造"三标"（标准化操作、标杆性管理、标志性技术）工程，完成生产炮20.0177万炮，实现最高日效2308炮、有线井炮2172炮。

【中油奥博uDAS地震仪获首届"金燧奖"金奖】 2022年12月27日，由东方物探公司中油奥博主导研发的uDAS分布式光纤传感地震仪获2022年首届"金燧奖"金奖。历时3年，uDAS研发团队持续攻关，形成宽频式、高空间分辨率式、高信噪比式、双通道式等仪器系列。与国外同类产品相比，在最高应变分辨率、最高空间分辨率、最大动态范围、最长传感距离等核心指标方面全面领先。该仪器在中国石油全部油田，以及中国石化、中国海油部分区块获规模化应用。

【东方物探公司 GeoEast 获 2022 年度河北省科学技术进步奖二等奖】 2022 年 12 月 27 日，东方物探公司"超大型国产油气勘探地震资料解释软件系统研制及重大应用成效"项目获 2022 年度河北省科学技术奖科学技术进步奖二等奖。该项目创新研发盆地级高效构造解释、小尺度断裂识别、高精度储层预测与油气检测及井震联合地震地质综合分析等技术系列，形成具有完全自主知识产权的超大型国产油气勘探地震资料解释软件系统 GeoEast。该软件已推广至国内 3 大油公司，并扩展到国内地质矿产、煤田、水文等企业和研究院所，为中国资源勘探业务提供技术支撑，被央视等主流媒体誉为油气行业的"物探中国芯"。

【东方物探公司通过河北省科技领军企业认定】 2022 年 12 月 31 日，东方物探公司被河北省科技厅认定为"2022 年度河北省科技领军企业"。东方物探公司创新形成"两宽一高"地震勘探技术系列，打造以 GeoEast、KLSeis 为代表的 13 大系列软件和以 G3i、EV56、eSeis、uDAS 为代表的 12 大系列装备，实现物探关键核心技术、软件、装备自主可控，提升复杂地质目标勘探成功率，集团公司重大油气发现率始终保持 100%。

【初至波二次定位技术获国际专利保护】 2022 年 12 月，东方物探公司自主研发的"初至波二次定位技术"在美国专利商标局取得授权保护。该技术是一种矢量叠加定位方法，形成包括高精度初至拾取、矢量叠加定位计算、定位精度量化评价等 1 套完整的定位技术。应用初至波二次定位技术，可实现海上勘探中检波点定位精度从 10 米以内提高到 3 米以内。该技术应用于印度尼西亚、尼日利亚、阿联酋、土库曼斯坦等国家 OBN 项目。

（要奕轩　王培霞）

中国石油集团测井有限公司

【概况】 中国石油集团测井有限公司（简称中油测井，英文缩写"CNLC"）2002 年 12 月 6 日成立，是中国石油天然气集团有限公司独资的测井专业化技术公司，注册地在陕西省西安市高新技术产业开发区，党组织关系隶属于中共陕西省委。主营业务以测井技术研发、装备制造、技术服务、资料应用研究为主体，形成"基础理论—技术研发—产品标准化"测井科技创新平台，建立 CPLog 测井装备、CIFLog 测井软件两大技术支撑体系，有裸眼井、套管井、随钻、射孔、录井等完整系列装备，为钻井、压裂、采油等业务提供相关技术支持，具备年 10 万井次以上施工作业能力。建成 4 条测井装备、射孔器材自动化加工生产线，实现智能制造快速升级。有机械制造设备 183 台，具备 47.4 万工时/年机械加工、70 套/年测井成套装备、射孔弹 180 万发/年、射孔枪 50 万米/年的制造能力。是集团公司测井技术试验基地、集团公司测井重点实验室、石油工业测井计量站依托单位。

中油测井主要生产经营指标

指标		2022 年	2021 年
总作业井次		97239	87597
裸眼井	探井（口）	1310	1557
	开发井（口）	14796	13003
	随钻（口）	541	222
生产测井（井次）		15062	13563
工程测井（井次）		27628	24395
射孔（井次）		29963	28573
录井（口）		418	487
快速与成像测井仪（支）		601	285
随钻测井及旋转导向测井仪（支）		0	13
生产测井仪（支）		49	106
射孔仪（台）		0	5
其他仪器仪表（支）		1354	185
射孔枪（万米）		49.68	50.63
射孔弹（万发）		158.73	180
工艺工具类（支）		4	7
总产值（亿元）		121.74	105.20
收入（亿元）		105.03	92.20
利润（亿元）		2.53	2.21
税费（亿元）		2.18	2.02

2022 年底，本部部门 13 个，二级单位 18 个。二级单位包含工程技术服务单位 12 个，技术创新单位 3 个，支持保障单位 3 个。在册员工 11083 人，其

中合同化员工 9097 人、市场化用工 1986 人；高级职称以上 2165 人、中级职称 4219 人；硕士博士 981 人、本科 5688 人；从事技术服务 7765 人（不含国际公司）、研发制造 1174 人。部署各类作业队伍 843 支，其中测井 368 支、射孔 216 支、生产测井 146 支、录井 61 支、随钻测井 51 支、连续油管 1 支。成套测井装备 1079 套，其中完井测井装备 606 套、生产测井装备 167 套、射孔装备 222 套、随钻装备 35 套、录井装备 49 套，有井下仪器 20628 支，工程技术服务车辆及拖橇 2613 台，含一体化测井车 932 辆、工程车 752 辆、拖橇 49 台，装备新度系数 0.19。

2022 年，中油测井学习贯彻习近平新时代中国特色社会主义思想和党的二十大精神，认真落实集团公司"五大战略"和"四大战略举措"，锚定世界一流目标，开展"基础管理年"活动，以"三基"工作为抓手，推动战略实施，聚焦市场、技术、管理、人才重点工作，着力强基固本，实现高质量协同发展，经营业绩再创历史最好水平，世界一流测井公司建设取得重要进展。获集团公司"先进集体""生产经营先进单位""科技工作先进单位""质量健康安全环保节能先进企业"等称号，入选陕西省工业品牌培育示范企业，公司重组整合以来业绩考核首次跃入集团公司 A 级，连续 4 年党建工作责任制考核获评中国石油 A 级，通过国家高新技术企业认证，连续 7 年保持"全国文明单位"称号，为全面完成"十四五"规划目标奠定坚实基础。

【生产经营】 2022 年，中油测井完成各类作业 97239 井次，同比增长 11.01%。其中裸眼测井 24168 井次，同比增长 17.44%；生产测井 15062 井次，同比增长 11.05%；工程测井 27628 井次，同比增长 13.25%；射孔 29963 井次，同比增长 4.86%；录井 418 口，同比减少 14.17%。随钻测井 541 口，同比增长 143.69%；桥射联作 2940 口 /24058 段，同比增长 42.24% 和 15.24%。制造仪器 650 台（套 / 支）、射孔弹 158.73 万发、射孔枪 49.68 万米。完成总产值 121.74 亿元，增长 15.72%，实现收入 105.03 亿元，考核净利润 2.53 亿元，上缴税费 2.18 亿元，超额完成集团公司下达的各项业绩考核指标。

【市场开发】 2022 年，中油测井聚焦"一切为了多打粮食"理念，实施市场增量考核，实现市场开发量效齐增。分类分级管理客户，试行大客户经理制，明确客户经理 123 名，编制定制式服务保障方案，健全网格化责任体系，建立"一对一"客户关系。开展高层交流，深化战略合作，为油田提供高端化、差异化、一体化服务。聚焦业务链短板成立工作专班，推介高端测井项目，随钻测导市场占比大幅提升，组建 9 支光纤专测队，"连续油管 + 测井"一体化服务实现快速见效，集团内综合市场占有率提升至 90.39%。新开发市场 38 个，首次进入中国石化川渝页岩气总包和经纬公司随钻市场，突破贵州页岩气油气资源市场，中国海油市场海上作业171井次。开拓地热井、干热岩、天然碱、矿藏资源勘查、瓦斯治理、CCUS（二氧化碳捕集、利用和封存）等新能源新领域，开发新兴业务市场28个。

【国际业务】 2022年，中油测井建立"公司本部统筹管理+国际公司全面管理+海外作业区组织实施"管理模式，设置14个海外作业区、32个海外项目。中标阿尔及利亚、土库曼斯坦市场2个近亿元项目，海外亿元级项目从5个增加到7个。在中东与安东油田服务集团、中国石油渤海石油装备制造有限公司、斯伦贝谢公司等签署战略合作协议。在尼日尔推广CPLog测井成套装备，实现独立商业化作业。中油国际作业者市场占有率63%，所有海外作业区全部实现盈利。海外业务新签合同额同比增长10%，海外市场收入同比增长32.37%。境外社会安全受控，以乌兹别克斯坦作业区为试点，首批接入集团公司海外应急指挥平台。参加国际石油展，提升品牌影响力，CPLog测井成套装备在印度尼西亚第46届石油展获最佳设计奖。

【生产组织】 2022年，中油测井围绕国内重点领域和海外五大合作区，强化区域共享。在国内部署11个服务公司69个项目部，在海外19个国家设置14个作业区，统筹部署843支队伍1079套装备，形成就近高效稳固的服务保障体系。灵活组队305支、作业1.1万井次。组建项目专测、井型专测、一队多机等队伍190支，作业4780井次，队伍综合利用率提升16.34%，队伍平均工作量增长12.46%。协调装备421批次3218支，装备利用率同比提升17.43%，及时率、完好率、满意度分别达到96.7%、96.3%和98.1%。建立三级维保体系和共享机制，装备检修15.72万次，其中旋转地质导向系统维保270串，同比增长62.5%。修订测井工艺技术标准11项，优化改进测井工艺，规模应用自主过钻具装备，水平井、复杂井下井一次成功率98%、时效提高53%。桥射联作段均作业时间下降至2.39小时、提速5.16%。桥射联作2.0在长庆陇东等5个国家级页岩油气示范区规模应用超2000口井。取得多项新作业纪录，在长庆油田靖51-29H1井创造桥射联作亚洲陆上最长水平段5256米的新纪录，在大港油田千探1井创国内油管传输射孔最高温度220℃纪录，在西南油气田龙兴1井创国内射孔作业井底最高压力204.6兆帕纪录，有效保障集团公司重点井实施。

【科技创新】 2022年，中油测井建立4大共享研发平台，发布CPLog测井装备、CIFLog测井软件技术标准体系，配套7个业务机构、10个实验室，加速平台核心技术迭代积累。科创中心、荔参1井平台建设稳步推进。科技管理系统全面上线。统筹实施十大科技创新项目，"揭榜挂帅"选聘10名项目经理，推动"平台+项目"管理。实施科技岗位分红，科研投入强度达到5%。成立射孔技术研究实验室。完善院士工作站运行机制。建立博士后科研工作站。205℃声波换能器形成试验样机，高性能中子管打靶超500小时。CNPC-IDS 智能测导、175℃/20h 一串测、CIFLog-LEAD 被认定国际先进。230℃/170兆帕高温高压小直径系列形成深井作业能力，FITS过钻具成像测井填补国内空白。"先锋"射孔弹打靶穿深2258毫米，通过API标准认定，再创世界新纪录，射孔器材承压指标提升至245兆帕。自主研发的智能测导通过专家鉴定，进尺突破20万米。建成车载快速岩石物理实验室。设立面向社会的测井创新基金。受理授权专利242件，登记软件著作权23件。获省部级科学技术进步奖11项、自主创新产品8项，新一代桥射联作技术获集团公司2022年十大科技进展。

【装备制造】 2022年，中油测井深化3D打印技术在测井传感器制作中的应用，极板、岩密探头外壳实现小批量生产，形成过钻具中子源舱一体化3D打印技术，FITS57中子源舱一体化打印和磨损钻铤原位修复等2项技术实现新突破。随钻导向仪器通过产品鉴定，达到国际先进水平，随钻LWD、MWD电路实现自主化。3型He-3管实现国产化，技术指标与国外产品一致，供货周期及单套成本大幅降低。iWAS智能采集地面系统进入生产制造阶段，完成11套系统换装。国内首条测井装备智能化加工生产线投产，初步建成测井智能工厂，形成数字化仿真、信息化管理、自动化加工、自动化检测的装备制造能力，支撑年产100套测井装备产业化制造。建成投产4条自动化加工线，实现仪器零件生产效率提高2.5倍、射孔枪加工效率提高2倍、射孔弹生产效率提高30%。测井装备全生命周期管理系统全面上线，实现全过程数字化线上流转及可视化集约管理。CPLog测井成套装备进入尼日尔、乍得等市场，射孔器材销往美国、土库曼斯坦、泰国等37个国家。CPLog测井成套装备外销收入连续2年超2.4亿元。

【解释评价】 2022年，中油测井聚焦国内重点领域和海外五大合作区，成功解释天湾1井、大页1H井、岭页1H井等一批高产井、发现井，获集团公司油气勘探重大发现奖1项。开展油气田老区测井评价挖潜，复查老井3.38万井次，发现潜力层7286个，支撑油气田新增油气当量63.53万吨。打造"一体两面"工作典范，与新疆油田共建测井联合研究中心，成立区域综合评价、长庆页岩油、新疆水平井、乍得解释评价等公司和分公司两级专班，支撑保障油田重点难点攻关。深化"靠前+集中"生产组织模式，成立重点井新技术处理解释中心，实施"双井长负责制"，2022年完成重点井解释103口，新技术资料处理661井次。建成以全直径岩心核磁共振为核心的车载实验平台，在长庆、华北完成8口井303米岩心井场近原位测量,快速提供页岩油含油饱和度等关键参数;针对陆相页岩油、超深层碳酸盐岩等重点勘探领域,开展岩心实验分析31类1.4万块次;光纤测井处理解释技术从无到有,达到国内领先水平。统一测井成果图件标准,建成中国石油统一测井数据库,完成48.3万口井老井数据入库。统一CIFLog-LEAD 4.0软件,集成特色方法模块,行业鉴定达到国际先进。累计裸眼井解释15778井次,套管井解释31456井次;探井解释符合率为87.96%,开发井解释符合率为97.14%。

【数字化转型】 2022年,中油测井发布《数字化转型总体实施方案》《人工智能发展规划》,成立信息"孤岛"和数据治理工作组,配合完成集团公司数据治理专项行动工作。实现与中油技服EISC互联互通,建立市场动静态分析模型和以井为中心统筹生产经营全要素的组织模式,建立工程复杂快速响应机制;工程复杂率同比下降17.05%,接入隆昌源库放射源管理系统,实现10余万井次作业信息自动流转。测井装备全生命周期管理系统建设实现各子系统与ERP、DNC、车载数据中心、AP/TP系统的应用集成,产品研发、生产制造、仓储管理、装备维保及管理数据互联互通,项目被评为西安市2022年工业互联网试点示范项目。采集、解释软件及Web等9个应用系统实现架构统一。建立中国石油统一测井数据库,测井大数据平台与测井EISC、勘探开发梦想云及油田A1、A2等第三方系统互联互通,接入青海、吐哈油田钻井、试油、生产等数据并治理共2.3万井次。创建风险(重点)井专家支持系统、油田测录井集成应用等系统,形成跨区域、跨部门、跨时间的一体化工作协同环境。开展智慧测井蓝图系统建设。统一身份认证服务,实现用户测井大数据、EISC、协同办公等系统身份统一。推进网络安全智能监控平台、局域网等项目配套建设,改进测井广域网3.0;推进Wifi6、5G、北斗导航系统建设;扩容测井云平台存储,加固外网云平台,云平台资源运行云主机百余台。

【质量健康安全环保】 2022年,中油测井发布国内外一体化中英文版QHSE管理体系手册。QHSE体系通过挪威船级社认证监督审核。油气水井质量三年集中整治任务完成33项。4项行业最高标准装置通过国家市场监管总局复审。筹建全国石油专用计量测试技术委员会石油测井分技术委员会。规范21类测井仪器、9种刻度装置、53种通用计量器具管理标准。构建全员、全覆盖的立体安全责任网络,隐患治理投入资金2.03亿元。聚焦放射源、民爆物品等13项容易发生伤亡、形成较大影响的风险,深化15条硬措施落实,统筹开展常态化监督检查,安全大检查发现并整改问题2623项,实施隐患治理项目235项。提前完成安全生产三年专项整治150项任务,完成海外7个作业区、9个国家第一轮远程监督。以健康企业创建为抓手，全面加强员工健康管理，推进四级医疗服务体系和"四位一体"境外医疗保障体系建设，41个健康小屋发挥监测作用。加强社会安全管理培训，以乌兹别克斯坦作业区为试点，中油测井成为首批接入集团公司海外应急指挥平台的企业。境外人员疫苗接种全覆盖，"一人一策"实现59名境外在岗超1年以上员工清零。治理生态环境隐患19项，制订碳达峰实施方案和绿色企业创建方案，胶囊同位素等特色技术工艺推广4285次，开展边远、高原、海外艰苦地区民生工程项目183个。

【深化改革】 2022年，中油测井"国企改革三年行动"收官，完成培训后勤业务整合，设立5个区域人力资源共享中心，试点西安区域纪检业务集中管理，撤并国际合作处，深化二线项目制改革，优化调整海外业务体制机制，完成11个境外机构调整及管理权交接。推进经营型项目部改革试点，开展混合所有制改革研究，为公司发展赋能增力。全面开展"三定"工作，突出两级本部管理职能优化和区域同质化业务整合，完成"十四五"前两年二三级机构、中层和基层领导职数压减指标，员工总量同比减少3%。全面完成所属单位领导班子、助理副总师队伍建设，干部队伍结构持续优化。开展干部人才双向挂职锻炼，建立优秀年轻干部储备体系。深化双序列改革，组建院士、首席专家领衔的11个科技创新团队，引进"高精尖缺"人才41名。聘任两级技能专家，共享全能型操作工程师，按需储备、精准培养国际化人才。建立17级培训晋级体系与专业技术岗位任职体系转换通道，系统构筑技能人才纵向晋升、横向转换的新八级成长通道。

【企业管理】 2022年，中油测井实施精益管理战略，编制中长期高质量协同发展规划和新能源新业务、人工智能发展专项规划，推进企业管理工程，开展"基础建设年"活动，持续深化人才强企工程，全员劳动生产率同比增长6.23%。强化依法合规，一体推进"合规管理强化年"及综合治理专项行动，全面完成"七个强化"重点任务、"7+3专项治理"和"五个任重道远"专题对照检查。发布定额造价体系1.0，完成境外依法合规经营风险专项排查整改。发挥规模采购优势，实现两级集中采购度99.95%，资金节约率10.07%。召开"三基"工作现场推进会，从统一制度、标准、规范、流程、台账着手，推动"三基"工作和"四化"管理从体、面、线、点全面加强。突出市场增量、效益增量与工效挂钩，以新技术、新工艺为抓手升级业务链，实现开源增收、节支降耗。开展经济责任等审计项目7类44项，审计单位覆盖率100%。11户全级次法人企业账面全部实现盈利。

【支持保障】 2022年，中油测井统筹安排改善民生各项任务，组织开展民生工程大调查，形成医疗健康、文体设施、住宿就餐和后勤保障等222项民生需求和实施方案。投入1.1亿元实施186个基建维修项目，国内外43个一线基地保障能力进一步加强，员工住宿就餐、文体活动、健康卫生等条件明显提升，边远、高原、海外艰苦地区生产生活条件不断改善。完成后村综合办公楼、公司数字展厅、产业化基地公寓楼维修等重点项目建设。石油射孔器材及配套件生产线建设项目完成主体结构施工。荔参1井建设项目完成初步设计。轮台基地食堂改扩建项目完成可行性研究及初设评审。协调吉林、新疆、西南等分公司土地房屋权属变更事宜。整改规范自有房屋出租及实物管理，督促加强承包商管理和农民工工资支付风险管控。协调实施本部"三基"建设配套项目，统筹开展基地清洁美化，提效节能，生产生活基地安全平稳运行。

【企业党建工作】 2022年，中油测井严格落实"第一议题"制度，第一时间学习贯彻党的二十大精神和习近平总书记重要指示批示精神，把学习成效转化为改革创新实践。全面推进从严治党向纵深开展，整改完成集团公司党组巡视反馈24项问题，实现党的十九大以来公司党委巡察全覆盖；严格落实意识形态责任制，构建舆情联动监测体系；严格落实党建工作责任制，全面推进基层党建"三基本"建设与"三基"工作有机融合落地，强化基层党支部工作"六位一体"考核；深化"五型"本部创建，狠抓作风、能力建设，引领示范作用有效发挥；全覆盖开展"转观念、勇担当、强管理、创一流"主题教育，举办党的十九届六中全会精神学习教育培训班，全体领导班子成员亲自编写课件，首次为中层领导人员授课；专题研究部署企业文化建设，提炼形成新时代测井文化体系；开展公司成立二十周年系列庆祝活动，发布新版《企业文化手册》《员工行为手册》《视觉形象手册》，建成测井文化展厅，出版《中国石油测井简史》《中国石油集团测井有限公司志2002—2021》，制作宣传片、纪念画册，开展主题征文，举办书画摄影展，召开老领导座谈会和庆祝大会，举办职工文艺汇演。从严从实抓好党的二十大期间等特殊敏感时段安保维稳、保密工作，守住稳定防线；党建工作深度融入生产经营，为全面完成年度目标任务提供坚强保障。

【群团工作】 2022年，中油测井各级工会以迎接宣传贯彻党的二十大为主线，履行维护职工合法权益、竭诚服务职工群众的基本职责。组织劳模座谈、巾帼讲述等具有"工"字特色主题教育；举办庆祝公司成立20周年文艺汇演、"光影墨香、魅力测井"书画摄影展，举办第二届"创新测井杯"职工排球赛、首届"云上"运动会。开展员工思想大调研，代表职工协商签订《公司集体合同》《女职工专项集体合同》《工资集体协议》。召开职工创新工作推进会，首次以现场+直播的形式举办职工创新成果展。文体阵地投入623.6万元，投入5043万元解决基层员工生产生活困难、改善员工办公生活条件。加强团青工作建设，召开第四次团员代表大会，举办庆祝建团 100 周年系列活动。中油测井获中国石油首届技术技能大赛测井工竞赛团体一等奖、第十届全国品牌故事大赛一等奖。

【乡村振兴】 2022 年，中油测井制定定点帮扶村——紫阳县东木镇燎原村"十四五"乡村振兴发展规划，加大驻村帮扶、消费帮扶力度。全年向燎原村捐赠 260 万元资金、60 吨废旧钢管、电子屏和桌椅等物品，向东木镇定向捐赠防疫物资 11 万元，帮扶乡村发展。帮带燎原村走"集体合作社 + 专业合作社 + 农户"发展之路，开展区域联建，共同发展集体经济。全年累计购买扶贫产品 524 万元，超额完成集团公司下达任务。

【测井装备联盟大会召开】 2022 年 8 月 10 日，中油测井在西安召开新一代 CPLog 成像测井装备联盟大会，全国从事测井技术研发、装备制造的 92 家国有企业、军工企业、民营企业、外资企业的 150 名代表参会交流。

2022 年 8 月 10 日，中油测井在西安召开新一代 CPLog 成像测井装备联盟大会（叶志云 摄）

会议通报新一代 CPLog 成像测井装备联盟建设构想，分析测井技术装备现状，展示新产品新技术，同心构筑装备联盟框架，发布《CPLog 测井系统接入规范》。30 多家企业进行新技术交流、新装备展示，达成合作共识。中油测井与所有参会企业单位签订联盟协议，积极构建测井创新生态圈，打造测井千亿级产业链。

【承办测井科技高端论坛】 2022 年 9 月 15—16 日，由中国石油学会、陕西省科学技术协会、陕西省石油学会联合举办，中油测井承办的测井科技高端论坛在西安和北京同时召开。

中国工程院院士李宁，以及 150 名来自高校院所、石油石化企业、互联网企业等 45 家单位的领导、专家、教授参加会议，33 位专家教授交流电法、声波、核与核磁、光纤、生产与工程测井及射孔、软件与人工智能、解释评价、远程传输、工业品设计、传感器等各自研究领域的研究进展和发展趋势。高端论坛为打造统一研发平台、申报测井创新基金、构建协同发展模式、建立长效合作机制、引进高层次人才等，提供强有力的智力支持，有效地促进中国测井科技共进共赢。

2022年9月15—16日，测井科技高端论坛在西安和北京召开（叶志云　摄）

【编纂出版《中国石油测井简史》】　2022年11月24日，中油测井以现场+视频方式在西安、北京、青岛等地举行《中国石油测井简史》发行仪式。

2022年11月24日，中油测井以现场+视频方式在西安、北京、青岛等地举行《中国石油测井简史》《中国石油集团测井有限公司志2002—2021》发行仪式暨座谈会（叶志云　摄）

2022年，中油测井倡议，邀请中国工程院李宁院士指导，联合中国石油、中国石化、中国海油、延长油田等公司的测井单位和科研院所，中国石油大学（北京）、中国石油大学（华东）、东北石油大学、西南石油大学、长江大学和西安石油大学等院校，历时11个月编纂出版中国石油测井行业第一部发展史，记述中国石油测井行业83年奋斗史，其出版发行是中国测井界的一个标志性大事件，成为共同打造中国测井生态圈的生动案例。

【新一代桥射联作技术获集团公司 2022 年十大科技进展】 中油测井新一代桥射联作技术获集团公司 2022 年十大科技进展，在室内试验突破性的将多簇射孔能力由 10 簇提升至 100 簇，带动现场作业由 3 簇提升至 23 簇，管串连接效率提升 50% 以上，并在国际上首次实现射孔管串泵送远程可视化。5 月 20 日"先锋"桥射联作技术在中国石油和化学工业联合会科技成果鉴定会上鉴定为达到国际水平。11 月 26 日"先锋"127 型超深穿透射孔弹穿深数据经美国石油学会（API）见证员现场确认，平均穿孔深度 2258 毫米，孔径 11.4 毫米，创造穿孔深度世界新纪录，并在美国石油学会网站公布。

【CIFLog-LEAD 取得 CNAS 认证】 2022 年 2 月 16 日，中油测井自主研发的测井处理解释软件 CIFLog-LEAD 通过中国石油和化学工业联合会组织的成果鉴定。CIFLog-LEAD 软件是中油测井牵头联合多家单位，历时 20 年研发的新一代基于数据库的测井处理解释软件，主要包括系统平台、集成数据平台、通用可视化平台、数据应用平台等 4 大核心底层及常规测井、成像测井、随钻测井、生产测井、岩石物理分析、储层综合评价等 6 个处理应用系统，取得中国合格评定国家认可委员会 CNAS 认证。

【测井装备智能化加工生产线竣工】 2022 年 5 月 23 日，中油测井在西安产业化基地举行测井装备智能化加工生产线竣工仪式，该生产线能实现仪器零件排产、储运、加工、检测的全流程自动化制造，能够采用 1 套软件系统"一体"调度，"两条产线"少人值守自动化加工，展现全过程数字化、全工序自动化、主排产智能化特点，生产效率提高 2.5 倍，具备 39 种仪器、289 种零件自动化加工能力。

2022 年 5 月 23 日，中油测井装备智能化加工生产线在西安产业化基地投产（胡彦峰 摄）

【2 项科研成果达到国际先进水平】 2022 年 11 月 11 日，中油测井"CNPC–IDS 智能导向系统 V1.0"和"175℃/20h 一串测测井系统研制与应用"通过集团公

司科技管理部召开的成果鉴定会，认定为"成果达到国际先进水平"。"CNPC-IDS智能导向系统V1.0"实现"高温、高造斜、高可靠"装备定型，能够满足非常规油气勘探开发领域水平井、大位移井作业需求。研制出我国首套具有完全自主知识产权的175℃/20h一串测测井系统，仪器长度短、组合能力强，能够在高温环境下长时间连续稳定工作，可在高矿化度环境中准确测量地质信息，能够满足超深井、超深水平井的快速测井实际应用。

【重庆仪器厂取得API认证证书】 2022年11月24日，中油测井制造公司重庆仪器厂通过美国石油学会认证，取得API认证证书，自主生产的钻井仪表、井场视频监控系统、插拔式井口快速连接装置、车载数据中心等4类产品获国际石油设备市场准入资格。

【射孔器材及配套件生产线项目开工】 2022年10月8日，中油测井新建射孔器材及配套件生产线项目正式开工，该项目位于四川隆昌经济开发区，规划总用地127亩，计划建设射孔枪及配件生产线4条，生产线采用全智能化设计，实现射孔器材生产及转运全流程自动化，建成投产后，将成为国内最先进的射孔器材智能制造工厂。

（张　沫）

中国石油集团海洋工程有限公司

【概况】 中国石油集团海洋工程有限公司（简称海洋工程公司，英文缩写CPOE）是根据集团公司加快海洋油气资源勘探开发步伐，推进专业化重组的战略部署，整合大港油田、辽河油田滩海作业队伍，于2004年11月组建的海上石油工程技术服务公司，注册地设在北京。2007年12月，与原中国石油天然气第七建设公司和原中国石油集团工程技术研究院重组整合。2009年11月再次重组，将原中国石油天然气第七建设公司划转中国石油集团工程建设公司。2011年4月，海洋工程公司机关办公地点迁至北京市朝阳区太阳宫南街23号丰和大厦。

海洋工程公司业务涵盖海洋钻完井、海洋工程、技术服务等3大领域。在海洋石油工程领域取得一批国内外领先的技术成果，形成深水油气与可燃冰试采、浅滩海钻完井工程、复杂井固井、井下作业与试油测试、海洋工程、地面工程十大技术系列，打造深水天然气水合物试采浅软地层水平井钻完井、防窜增韧水泥浆固井、LNG模块建造焊接等技术利器，具备120米水深海洋油气勘探开发一体化综合服务保障能力，1500米超深水钻井服务能力。建成青岛海工建造和唐山生产支持两大基地。有海洋工程、海域天然气水合物工程、固井技术、涂层材料与保温结构等4个集团公司重点实验室和研究室，其中固井技术研究室为油气钻井技术国家工程实验室的分支机构，是油气钻完井技术国家工程研究中心分中心；海域天然气水合物工程重点实验室为天然气水合物勘查开发国家工程研究中心分中心。中油技服固井材料与外加剂质量控制中心，设在中国石油天然气集团工程技术研究有限公司。

2022年底，海洋工程公司在册员工2451人。其中，大专及以上学历2101人，副高级及以上职称429人，中级职称962人。享受国务院政府特殊津贴人员10人，企业首席专家1人，企业高级专家3人，高级技师3人，技师7人。有7家所属单位，1家直属单位，9个职能处室。有钻井平台16座，作业采油平台5座，各类船舶22艘。

2022年，天津中油渤星工程科技有限公司被国务院国有企业改革领导小组办公室评选为"科改示范企业"，是中国石油集团入选的七家企业之一。海洋工程公司6项成果获集团公司科技奖，其中获集团公司科学技术进步奖一等奖1项、二等奖2项、三等奖3项。获授权专利23件，其中发明专利21件；累计有效专利231件。申请专利39件，其中发明专利38件，实用新型1件，发明专利占比97.43%。

海洋工程公司主要生产经营指标

指　标	2022年	2021年
钻井（口）	121	96
钻井进尺（万米）	30.88	21.6
海上固井（井次）	25	12
酸化（层/井次）	1/1	2/2
压裂（层/井次）	6/5	5/4
大修（井次）	9	5
连续油管（井次）	11	10
试油（层）	5	5
收入（亿元）	31.3	27.80

【市场开发】 2022年，海洋工程公司发挥一体化服务保障和特色产品技术优势，深化与业主沟通、交流，持续开拓行业市场，稳步推进新能源市场。新签、

续签合同 308 份，同比增长 179%，营业收入 31.2 亿元。

全力保障集团内部市场。动用 4 座钻井平台、3 座试采作业平台、20 艘船舶为大港、冀东和辽河油田服务。成功获埕海 45 井、葵探 1 井、辽探 1 井探井项目，签订埕海一号平台年度钻完井总包和修井、采油服务合同，中标赵东 CP3 平台建造、安装项目，签订埕海二号平台初步设计合同。为西部油气田提供固井、防腐及储层改造技术服务，与中油技服签订油井水泥用降失水剂框架采购服务协议，西部油气田市场实现收入同比增长 48.4%。巩固拓展外部行业市场。以优质高效服务站稳、扩大中国海油市场，11 座平台、11 艘大马力船舶为中国海油提供日费服务；中标中国海油服 3 年防砂压裂服务项目，新签海油工程设计合同 3 项。开拓中国石化市场，与胜利油田签订中油海 62 平台修井作业日费合同及两艘 2000HP 工作船服务合同。进军海上管道建设和隐患治理市场，中标册镇海管变形修复、嵊泗海管、美孚惠州乙烯管道等 7 个项目。推动防腐专业化、一体化发展模式，首次进入 LNG 防腐市场，中标江苏 LNG 彩虹桥钢结构防腐项目。稳步开拓新能源市场。落实集团公司新能源业务发展部署，成立服务保障领导小组，全力协助南方勘探开展儋州、揭阳、汕尾等海上风电项目前期工作，为浙江油田海上风电、光伏发电等项目提供技术支持。相继中标华能广东汕头、浙江苍南和国电投山东半岛海上升压站建造项目。与煤层气公司签订战略合作协议，推进忻州、临汾陆上光伏项目。密切跟踪国际市场。为集团公司 13 个海外项目提供技术支持，与中油国际续签技术支持合同 6 项，开拓 LNG 和炼化模块建造市场，提交资质预审 12 份，参与投标 28 项。

【重点项目】 2022 年，海洋工程公司安全优质高效组织项目实施，打造精品工程。

埕海一号平台 EPC 总包项目，完成埕海一号平台的设计、建造、安装和调试任务，该平台是集团公司首座采修一体化平台，创造集团公司海上模块安装最大规模纪录，多项工艺填补国内空白。

集团内部海上钻采项目，葵探 1 井创造集团公司海上 177.8 毫米尾管下深最深及尾管段最长纪录，在渤海湾盆地辽河坳陷滩海葵花岛构造获重大勘探发现，该项目获集团公司油气勘探重大发现一等奖。

中国海油服务项目，精心做好钻井、船舶日费服务，日费收获率连续 4 年保持在 99% 以上。中油海 17 平台实施的蓬莱 19-3A 井组钻完井及修井项目，工程质量合格率 100%。中油海 19 平台在垦利 6-1 油田"新优快"擂台赛中，获中国海油天津分公司"新优快先锋队"称号。优质完成香港 LNG 接收站海管铺设项目，获海油工程"优秀承包商"称号。

西部油气田服务保障项目，大北303JS井五开尾管固井项目，井底静止温度180℃，压力184兆帕，创塔里木油田盐层固井最高温度纪录。优质完成克深1901井尾管固井项目，井深8110米，创塔里木油田克深区块目的层固井最深纪录。完成满深10井（9186米）固井水泥浆技术服务，创塔里木油田同尺寸尾管固井最长封固段纪录。川渝高压天然气井应用自愈合水泥技术，固井质量合格率高于同区块平均水平，其中，蓬探106井282.58毫米尾管固井优质率100%，创川渝地区固井纪录。在长庆油田推广水不分散水泥浆体系33井次，水层固井质量合格率100%，优质率95%，首次在塔里木油田哈得、博大、泽普3个采油气管理区开展一体化防腐技术服务。

国家管网册镇海管变形修复项目，创新提出以重型、异形结构管卡永久性修复变形管道的解决方案，2项技术为世界首创，4项技术为国内首创，自主研发海管变形修复辅助工装2套。管卡重29.15吨，被誉为"世界第一卡"，安装精度达到毫米级，管道空间角度偏转测量精度±0.5度，安全优质高效按期完成项目实施，树立中油海工品牌。

陆丰12-3导管架建造项目，该项目为亚洲第三大导管架，高253米，主结构顺利封顶，该导管架的裙桩套筒安装是海洋工程公司首次实施的陆地超大型吊装作业，最大吊装高度105米，最大单件重量约800吨，海洋工程公司超大型导管架建造能力大幅提升。

【质量安全环保】 2022年，海洋工程公司树立"安全生产、环境保护是公司的生命线"和"质量是公司高质量发展根基"理念，深入宣贯"两个理念、一个信念"，健全制度体系，严抓过程管控，全年施工作业8.33百万工时，总可记录事件率0.77，损失工时为零，再次获集团公司质量健康安全环保节能先进企业，并通过集团公司先进企业健康企业达标验收。

发布实施E版QHSEEn管理体系文件，规范开展体系审核，查改问题654项。推动基层站队HSE标准化建设，培育HSE标准化示范队5个。12艘船舶被国家海事局评为安全诚信船舶，19名船长被评为安全诚信船长。全面推进群众性质量活动，获集团公司QC小组成果三等奖1项、质量信得过班组1个。

制定《井控主要责任清单》，开展井控检查和自检自查，查改问题634项。强化井控装备管理，检验检修防喷器、升高短节64批329件，检验井控设备控制系统15套。完成16支作业队伍的"三评估三分级"工作，加强基层"井控明白人"队伍建设，开展井控培训42次370人次。落实"司钻是现场关井第一责任人"管理要求，实现溢流发现及时率和关井及时率"两个100%"，全年井控零事故。

质量安全井控专项整治三年行动收官，建立问题隐患整改清单495个，制定制度措施46项。统筹开展安全生产大检查、安全生产专项整治，累计查改问题、隐患27677项。严格环保管理，完成9座平台污水处理装置升级改造，开展大气、水体污染物排放监测296次，查改各类环保问题246项，污染物排放达标率100%。实施特殊敏感时期与节假日升级管控1285项，审批实施作业许可13520项，对6个重点项目开展HSE风险评估，19座移动式平台和1部钻机模块通过安全评估。强化全过程质量监督检查，全年查改质量问题992项。

严格落实属地政府和集团公司新冠肺炎疫情防控措施，修订《新冠肺炎疫情防控工作指导手册》，印发防疫文件15份。疫苗接种3162人，实现应接尽接。落实防控措施，开展监督检查，实行疫情防控信息"日报告、零报告"，员工健康得到有效保护。

精心组织员工健康体检和职业健康体检，开展高危人群分级分类健康指导。建成6个健康小屋，增配17台自动体外除颤仪，开展自动体外除颤仪使用培训1238人次。19座海上平台和20艘船舶按要求配齐医疗资源和救护设施。

【科技创新】 2022年，海洋工程公司"四提"工程成效显著。推广新技术新工艺25项，总包井井身质量、固井质量合格率100%，井下作业施工一次合格率100%。海工项目验收合格率100%。

开展科研课题82项，其中，国家级课题5项，集团公司、股份公司课题24项。申报发明专利34件，授权专利19件，其中发明专利14件。获集团公司科技奖励6项，地方政府、行业协会奖励2项。8项成果获集团公司科技成果转化创效奖，油井水泥用纳米基减轻增强材料等2类6个型号产品通过集团公司重要自主创新产品认定。树脂水泥、钛合金管材高温酸化缓蚀剂、大厚壁钢管焊接质量控制技术、粉体抗分散水泥浆体系等多项原始创新技术取得突破。开展新能源、节能降耗等关键技术研发，深水浅软地层多分支水平井钻井设计、近海海上风电场电网架构方案、移动平台储能装置等形成初步设计，在新技术领域迈出关键一步。

围绕重点项目，派专家团队驻井指导，发挥工程作业智能支持中心（EISC）远程支持作用，强化重点难点技术把关，保障项目实施。加强技术方案源头把控，组织"重大新"项目施工设计审批13井次、重大技术方案评审10次。推进以项目经理负责制为核心的完全项目制管理，签订三年目标责任书和年度任期合同，试行科研项目全成本预算、全成本核算，科技创新活力有效激发。编制《海洋工程公司数字化转型智能化发展规划》，船舶安全隐患远程排查、生产项目数字化管理和固井水泥浆体系设计专家系统建成投用，数智化建设落地见效。加强标准化管理，制修订各类标准27项，发布国标行标3项。

【企业管理】 2022年，海洋工程公司落实依法合规要求，深化改革创新，推进精益管理，优化公司治理体系，治理能力和治理成效显著提升。

聚焦"五个任重道远"，完成"合规管理强化年"等专项行动。编制强制性、禁止性制度规定指引685条，制定合规性审查事项110项。针对物资采购、依法纳税、安全环保等重点领域，查改问题16项，整改集团公司内控测试反馈问题62项，全年未发生达到上报等级的违法违规事件。加强合同与法律纠纷管理，审查合同2285份，标准合同文本使用率84.75%，支出类事后合同为零。推进法治建设，完成公司出资人变更、新能源业务增项和高级管理人员备案，修订公司章程，完成钻井分公司注册。开展法律审查论证，出具论证报告31份，办理授权委托书23份。强化员工遵法守规管理，健全内部违规处理工作机制，开展普法宣传29次。坚持依法审计，建立、健全审计、纪检等机关部门审计问题通报制度、协调联动工作机制，开展各类审计4项，推动问题整改18项，实现2021年以来对所属单位经济责任审计全覆盖。

对照改革清单，按期完成六方面60项改革任务。推进对标管理专项行动，修订《工程建设项目管理办法》等制度4项。深化三项制度改革，制定"组织体系优化提升方案"，压减二级、三级干部职数37个，三级机构13个；落实中层领导人员任期制和契约化管理，推进用工模式转型和薪酬分配改革，强化科技创新等6类专项奖励管理，构建形成"一适应两挂钩"的工资决定和正常增长机制；健全"业绩考核、履职测评、党建责任制考核、重点考核"为一体的综合考评体系，考核激励作用有效发挥。落实"科改示范企业"创建要求，完成天津中油渤星工程科技有限公司企业章程、法人治理结构、工资总额备案制、岗位分红激励政策等改革任务。

确立人才强企"12345"工作思路，制定海洋工程公司人才强企行动方案和人力资源价值评价办法。着力技能人才培养，编制年度培训鉴定工作计划，推进员工培训"学分制"试点运行，发挥专项奖励"指挥棒"作用，制定发布公司技能人才专项奖励办法，对优秀技能人才和所在基层单位进行专项奖励；抓好青年人才培养，3人入选集团公司"青年科技人才培养计划"，青年骨干队伍建设经验入选《集团公司人才强企工程推进年优秀案例》。

修订海洋工程公司《装备管理办法》，编制《海洋钻井、修井平台冷停与再启动规程》。开展关键装备故障风险评估300台套，更新、升级、改造设备130余台套，查改电气设备设施问题隐患762项。开展设备智能点检系统试点应用，预判处置各类设备隐患50余次。主要装备综合完好率98%以上，重特大设备责任事故为零。严格招标管理，建立招标月度检查机制，严把物资采购质量，采购物资检验率100%，入库物资合格率100%。启动中技开4座钻井平台接收和续建工作，优化公司装备结构，提升装备市场竞争力。

优化规划和投资管理，印发《海洋工程公司"十四五"发展总体规划》，编制《集团公司海洋业务和海洋工程中长期发展专项规划（2022—2030年）》等规划3个；修订海洋工程公司《投资管理规定》，超投资项目和计划外项目为零。开展海上风电装备市场调研，组织新能源业务发展前期研究。强化工程造价管理，成立海洋工程公司工程造价中心，完成《工程技术服务市场化计价规则——海洋油气井工程分册》编制。推动管理创新，2项成果分别获中油技服、中国石油企业协会管理创新二等奖，2篇论文分别获评中国石油企协管理创新优秀论文二等奖、三等奖。

【企业党建工作】 2022年，海洋工程公司贯彻新时代党的建设总要求，压实党建责任，推进党建与生产经营深度融合，在集团公司党建考核中继续保持A档。

执行"第一议题"制度，学习贯彻习近平总书记系列重要讲话精神，系统宣贯党的二十大精神，持续推动习近平新时代中国特色社会主义思想走深走实。统筹组织"建功新时代，喜迎二十大"习近平总书记重要指示批示精神再学习再落实再提升活动，全体党员深刻领悟"两个确立"的决定性意义，增强"四个意识"、坚定"四个自信"、做到"两个维护"。落实加强党的政治建设22条重点措施，严格请示报告制度，向上级党组织请示报告63项。严肃党内政治生活，高质量完成领导班子民主生活会和党支部组织生活会。执行"三重一大"决策制度，明确党委前置研究讨论重大经营管理事项清单，两级党委"把方向、管大局、保落实"的领导作用充分发挥。

完成海洋工程公司党委、7个二级党委和80个党支部换届选举。1人获聘集团公司党建特邀研究员。制定党委委员履行党建工作"一岗双责"管理规定，严格党建工作责任制考评和党组织书记抓党建现场述职评议会。

坚持"三强"标准，新提拔中层领导人员6人、进一步使用4人，推进干部交流任职6人；公开选拔配备二级、三级领导人员35人；加强年轻干部培养使用，干部结构持续优化。实施"赋能提素"工程，组织参加政治理论学习班7期，开展专题能力培训班60余次，选派16人参加集团公司培训，26人到重大工程、重点项目接受实践锻炼，干部本领持续增强。

围绕服务保障"三个环境"深化政治监督，制订项目监督方案11个，建立工作台账和清单17个。聚焦"两个责任"深化监督，层层签订党风廉政建设责任书971份，开展履约谈话1710人次。建立业务监督、职能监督、专职监督"三道防线"，实施联合监督项目化，排查关键岗位廉洁风险 2497 项，制定和落实防控措施 2960 项，推进集团公司党组巡视反馈问题深化整改，继续落实措施 80 项，形成长效机制 6 项。推进违规吃喝问题专项治理和"反围猎"专项行动，紧盯重要节日节点开展纠"四风"监督检查，持续开展廉洁教育，"三不腐"态势持续巩固。

支持基层单位开展劳动竞赛，组织安全知识答题活动。激励女员工建功立业，评选海洋工程公司巾帼建功先进个人 12 名，1 人获 2021 年度集团公司"巾帼建功先进个人"称号。解决员工"急难愁盼"问题，2022 年开展困难帮扶慰问 278 人次。组织送清凉、送温暖等慰问活动。

【社会责任】 2022 年，海洋工程公司增强员工社会责任意识，锤炼过硬本领，在做好集团公司海上增储上产服务保障工作的基础上，积极参与社会救助。中油海 281 船在曹妃甸分道通航南侧为浮吊"蓝鲸"执行守护任务时，接到失火渔船"冀乐渔 07086"呼救信号，中油海 281 船启动应急预案，研究制定营救方案。经过全力扑救，火情最终得到控制，船上 5 名船员全部获救，无人员伤亡。

（魏颂珂　刘　陈）

中国石油集团工程技术研究院有限公司

【概况】 中国石油集团工程技术研究院有限公司（简称工程技术研究院）2017 年 2 月组建，由原中国石油集团钻井工程技术研究院有限公司和休斯敦技术研究中心强强联合、重组整合形成，同时加挂股份公司、中油技服工程院及中国石油海外钻完井技术中心牌子，保留休斯敦中心牌子，是中国石油天然气集团公司直属科研机构。其发展定位为，中国石油集团公司油气工程技术参谋部，油气工程基础前沿及高新技术研发中心，油气工程高端技术支持与服务中心，油气工程高端科技人才引进培养平台，油气工程高新技术产业化平台。业务范围为，以井筒技术为主，从事油气钻井、完井、测录试、储层改造、井下作业等的发展规划、技术攻关、产品研发、产品制造与推广应用、国内外重点工程技术支持与服务等业务。

2022 年，工程技术研究院下设 7 个机关处室、11 个专业研究所、1 个休斯敦研究中心、1 个国际业务部、3 个子公司、1 个附属机构和 5 个临时机构；有国内唯一的油气钻井技术国家工程实验室（2021 年 12 月纳入国家新序列管理，更名为油气钻完井技术国家工程研究中心），设有随钻测量、控压、固井、钻井液等14个专业实验室、3个试验平台和1个检测中心。有员工1271人，其中中国工程院院士2人、新世纪百千万人才工程国家级人选5人、享受国务院特殊津贴14人；教授级高工49人，高工382人；外籍专家52人，工程技术研究院两级企业技术专家31人。

【科技创新】 2022年，工程技术研究院承担国家和集团公司课题163项；获国家及省部级科技奖励44项，其中，中国专利银奖1项，科学技术进步奖特等奖1项、一等奖5项，基础研究一等奖1项，技术发明奖一等奖2项，专利金奖2项，行业标准特等奖1项，创新奖一等奖1项，青年科技创意大赛一等奖2项。申请发明专利399件，其中国外专利51件、国内专利342件；获授权专利79件，其中国外专利14件、国内发明63件；制修订标准97项，其中国际标准4项、国家标准10项、行业标准30项、集团公司企业标15项；组织发表论文213篇，其中：国际论文74篇；出版专著6部；登记软件著作权36项，认定技术秘密34项。

深化转型升级发展，突出关键核心和基础前沿技术攻关，全力锻造国家油气工程技术中坚力量。拓展研发布局，成功申报国资委"1025专项"2项，新开集团公司关键核心技术攻关等重大项目6项、直属院所基金课题24项，获沙特阿美石油公司项目1项，在研项目数量和重量创历史新高；成立新能源研究中心，系统布局CCUS、地热、储能等技术研究，抢占未来发展科技制高点。升级研发平台，高标准推进油气钻完井技术国家工程中心建设，联合承建国家基金委"超深特深层油气钻采流动调控"基础科学中心和教育部"矿区深部零碳负碳技术"工程研究中心，特种实验室基建可行性研究方案通过集团公司论证，显著提升研发格局和影响。强化科研项目管理，优选16个项目实施完全项目制管理，开展5个重点项目成果后评估，严格落实例会督办和经费检查，9项"卡脖子"任务全部以"优秀"成绩通过年度成效评估，有效抓实重大项目过程管控。深化提质增效价值创造行动，制订年度行动方案，细化15项具体措施和7个关键指标，确保目标可量化、可考核，盈利能力趋于稳健，"两金"压降取得显著成效。取得一批标志性技术进展，抗温240℃井筒工作液、抗175℃高温芯片、PDC钻头超硬材料等基本解卡，恶性井漏综合治理技术获中国石油十大科技进展，无源磁导向等入选集团公司科委会年度重大进展，SmartDrilling软件形成1.0版、膨胀管技术实现国内首次直径311.2毫米井眼长裸眼封堵，连续管作业机创单机年作业500井次世界纪录。

【技术支持】 2022年，工程技术研究院强化产学研深度融合，为重点领域重大工程提供高质量科技供给。强化集团公司总部参谋支持作用发挥，进一步优化智库建设组织运行和优势资源有序协同，牵头编制集团公司重大基础研究十年行动计划工程技术部分，呈报的《油价上涨影响分析及应对建议》获国家领导人批示、《油气勘探开发工程技术》专刊获集团公司领导批示4次；EISC（工程作业智能支持中心）、风险探井支持、资质评价等业务迈上新台阶。强化靠前支持转型升级，支持领域由油气向储能、CCUS（二氧化碳捕集、利用和封存）、地热等多领域拓展，支持对象由重点大油气田向国内外各油气田有序拓展，支持内容由钻完井向钻完井+井下作业综合一体化发展，支持方式由单点前线作战向前后方一体化联动转变，行业技术影响力显著增强。加速科技成果孵化转化，多渠道多元化推进特色优势产品迭代升级和系列化标准化，获集团公司自主创新重要产品6项，入选集团公司2022年首台套重大技术装备目录2项，2项技术产品首次进入北京市新技术新产品认定目录，院产业化基金项目创收近2亿元，获集团公司科技成果转化创效奖励额度再创新高。深化高端成果转化平台建设，北京石油机械有限公司打造集团公司高端井下工具及随钻仪器产业化中心，江汉机械研究所连续管作业装备与工具的"智造"水平和产业化能力显著提升，西安康布尔公司全力搭建高端油化剂产学研一体化平台，信息中心高端钻完井软件向商业化应用迈出关键一步，产业平台创效能力达历史新高。

【人才强企】 2022年，工程技术研究院体系化构建"大人才"发展格局，建设油气工程技术创新人才高地。强化干部队伍建设，建立健全中层领导人员管理办法等9项制度，提拔院长助理1人、二级正副职15人，推进8名中层干部交流任职，有力提升所属单位班子整体功能，年度选人用人好评率100%。持续锻造科技人才队伍，优选科研骨干"揭榜挂帅"重大科技项目，加速高端领军人才自主培养；分级分类建立优秀青年后备人才库，30人入选集团公司"青年科技人才培养计划"；引进各类人才65人，申报"国家引才引智基地"，招募3名海外高端人才；有序推进专业技术序列改革，选拔推荐首席专家3人，选聘企业高级专家34人、一级工程师68人，科技人才队伍整体实力显著提升。健全精准薪酬激励机制，优化分级分类全员绩效考核及超额利润分享机制，完善项目制薪酬分配激励与约束，将合规管理纳入考核评估；完善高端人才引进协议工资制，实施领军人才工资总额单列，规范专项奖励发放，持续推进中长期激励，激发广大科研人员创新创造潜能。

【海外研发】 2022年，工程技术研究院强化海外研发机构能力建设和运营管控，提升价值贡献，确保稳健发展。研发水平和成果再上新台阶，休斯敦中心首次承接"1025专项"，新立集团公司项目8项，项目数量和质量创历史新高，实质突破4个"卡点"，在国内成功转化4项高新技术，海外科技供给能力稳步提升。经营管理能力持续加强，克服中美斗争、新冠肺炎疫情等不利影响，派出主管领导和骨干靠前管理，强化中美一体化联合研发、国际学术交流等窗口作用发挥；统筹纳税管理，实施中美全面预算和项目全成本核算，中心运营更加稳健。迪拜分院高标准起步，制定迪拜分院工作方案和"十四五"发展规划，明确职责定位及主要任务，确立完全项目制式主体运作模式，建立迪拜分院与各所厂、项目部的联动协作机制，启动2项科技攻关与技术支持项目。

【合规管理】 2022年，工程技术研究院切实将合规管理嵌入企业经营各领域各环节全过程，支持保障企业健康发展。全面推进"合规管理强化年"，召开专题推进会督导会，一体推进方案顶层设计、动员部署和深化实施，开展严肃财经纪律、依法合规经营综合治理专项行动，全新设计风险与内控管理体系，通过集团公司专项审计和财务专项检查，有效防范经营风险，建立健全长效机制。统筹推进专项改革，全面完成国企改革三年行动，形成146项标志性成果；推进北京石油机械有限公司"科改示范行动"，高分通过集团公司自评估。推进信息化建设，拓展数字化转型智能化发展路径，抓好智能钻完井技术研发、钻井远程智能技术支持、钻完井数据湖和智慧实验室场景落地，推进数据管理能力成熟度评估及认证，提升网络安全防护能力。全面强化综合管理，抓好新冠肺炎疫情常态化精准防控，有序应对疫情平稳转段，完善QHSE体系建设，开展质量提升专项行动，强化安全生产大检查和实验室、危险化学品等专项整治，全面做好法律、保密、外事、档案、后勤等工作。

【企业党建工作】 2022年，工程技术研究院坚持把方向、管大局、保落实，以高质量党建引领高质量发展。强化领导机制，把迎接学习宣传贯彻党的二十大精神作为首要政治任务，开展总书记重要指示批示再学习再落实再提升主题活动，修订党委前置研究重大事项清单，全年决策"三重一大"事项131项，党的领导作用有效发挥。强化理论武装，党委"第一议题"和中心组学习26次，推进党史学习教育常态化长效化，以习近平新时代中国特色社会主义思想培根铸魂。提质升级基层党建，制定"三融三促"、党支部分类指导等制度5项，开展庆祝建党101周年系列活动，党员挂牌上岗602人，建设党建品牌16项，固井所党支部在集团公司基层党建推进会上作为唯一党支部代表交流经验。深化从严治党，高站位接受集团公司党组巡视，高质量完成集中整改阶段任务；加强对"一把手"和领导班子监督，开展违规吃喝专项治理、"反围猎"专项行动，强化全员警示教育，以严的基调正风肃纪。强化宣传引导，开展"转型升级"形势任务教育，召开企业文化引领推进会，严格落实意识形态责任制，各级各类媒体刊发报道1500余篇，人民网、《科技日报》等主流媒体发布信息创历史新高，首次在集团公司石油精神论坛作事迹报告。发挥群团优势，坚持党建带工建带团建，线上线下开展大型文体活动，启动"青马工程"，开展"青年精神素养提升工程"，落实统战工作"十条措施"，精准帮扶206人次，办好新冠肺炎疫情关键时刻送药上门等64件实事，获集团公司青年科技创意比赛一等奖2项和优秀组织奖，获集团公司维稳信访安保防恐电报嘉奖。

（王盼盼）

中国石油集团工程材料研究院有限公司

【概况】 中国石油集团工程材料研究院有限公司（简称工程材料研究院，英文缩写TGRI）是集团公司的直属研究院，本部位于西安高新技术产业开发区，是我国在石油管及装备材料领域唯一从事科学研究、质量标准、成果转化"三位一体"的权威科研机构，也是石油石化行业（涵盖油气开发、管道储运、炼油化工、工程技术、装备制造、工程建设、新能源等领域）唯一从事工程材料的科技创新中心。工程材料研究院以建设世界一流研究院为目标，致力于打造科技创新、质量标准、成果转化"三个平台"，构建成果、技术、创效、人才"四大高地"，努力建设精干高效、独具特色的高质量科技创新体系，矢志成为国际石油管及装备材料技术引领者和先进工程材料原创技术策源地。

1981年，原石油工业部成立了石油专用管材料试验中心（中国石油集团工程材料研究院前身）；1988年成为原石油工业部直属科研机构，更名为石油工业部石油管材研究中心；1993年更名为中国石油天然气总公司管材研究所；1994年由宝鸡搬迁至西安；1999年更名为中国石油天然气集团公司管材研究所；2010年更名为中国石油集团石油管工程技术研究院；2021年更名为中国石油集团工程材料研究院有限公司。

工程材料研究院在科学研究、质量标准、成果转化等方面取得重大成果，获全国重点实验室和国家市场监管重点实验室、国家质检中心、国际标准化机构SC2副主席单位和国行标秘书处等37项重要机构、资质和授权；建立了金属和非金属、微观分析和全尺寸模拟的国际先进水平试验研究装备体系；有中国工程院院士1人、双聘院士2人，国家及部省级突出贡献专家72人，正高级工程师55人、高级工程师185人，博士和博士后93人，建成年龄、专业和梯次结构合理的高水平人才队伍；创建和不断完善以石油管工程学为核心的工程材料学科和技术体系，完成国家重点研发计划等国家、省部级、央企科研项目300余项，质检项目10000余项，失效分析项目2000余项，获国家级科技奖励16项，省部级、中国石油及各类社会力量科技奖励230余项次，授权专利741件（其中发明专利410件），开发软件94套，发表论文2800余篇，制修订国际、国家、行业、企业标准500余项（其中ISO国际标准7项、国家标准47项），成为油气和新能源工程材料领域国家战略科技力量。

工程材料研究院高度重视国内外合作和联合攻关，与国内油气开发、管道储运、炼化、工程技术、装备制造、工程建设、冶金系统等企业和高等院校、科研院所开展了广泛深入的合作、提供了技术支持；和英国、美国、俄罗斯、加拿大、韩国、日本、意大利、阿根廷、挪威、德国、澳大利亚等国家的10多个科研机构和企业建立了合作关系。

【创新平台建设】 2022年，工程材料研究院油气钻采输送装备全国重点实验室通过优化重组，国家市场监管重点实验室建设高效推进，获批组建"陕西省储气库安全评估工程技术研究中心"，成立集团公司"油气装备失效分析和预测预防技术中心""油井管检验检测与试验评价中心"两个创新平台，与渤海钻探共建集团公司固完井工具研发中心，与宝石机械成立石油装备材料联合研究中心，复合管中试基地落户秦皇岛，国际焊接研究中心完成一期任务，TEC 2022国际会议顺利召开，《石油管材与仪器》的学术影响力和期刊质量显著提升，工程材料研究院科技创新平台日益完善。

【科技成果】 2022年，工程材料研究院新承担国家重点研发计划3项（牵头1项，参与2项），国家自然科学基金面上项目1项，国家工信部项目1项，陕西省科技项目7项，集团公司各类项目计划13项。获省部级及以上科技奖励9项，其中集团公司一等奖2项、二等奖2项、陕西省二等奖1项。首次获"中国专利奖"优秀奖、"陕西省专利奖"银奖各1项。申请中国专利257件，其中发明专利244件，申请PCT专利5件；在核心刊物和重要国际国内学术会议上登记论文238篇，其中SCI、EI收录论文93篇。围绕石油工程新材料，开发出120千磅/英寸^{2}级钛合金钻杆、高应变海洋管线管及其配套焊接材料，性能达国际领先水平；开发出页岩气井用新型套管及其特殊螺纹接头，性能超过现有技术指标10%；针对接头连接强度低、可靠性差难题，研制出"双密封"大口径高压力玻璃钢管和"粗牙+金属接箍"玻璃钢油管新产品；研发的抗硫非金属复合连续管，经鉴定达到国际领先水平。围绕新能源，建成集团首套气相氢环境服役模拟研究系统；建立含缺陷输氢管道剩余强度评估模型和基于云模型的加氢站高压储氢罐风险评价方法；发展完善超临界CO_2管道断裂控制技术，制定国内首个二氧化碳捕集、输送和地质封存管道输送系统国家标准；成功搭建液流电池实验室和测试平台，自主完成全钒液流电池5瓦单体和25瓦电堆的设计、组装和测试工作，为集团公司新能源新业务发展提供技术支撑。围绕高端石油装备，自主设计完成集团公司首套3D增材制造系统，打印出"TE555三通"新产品，通过产品鉴定属全国首创；开发出全尺寸非金属管材气体渗透装备，填补行业空白；成功搭建三维重构装置、失效分析系统与图像深度学习平台，为失效智能诊断提供硬件基础；开发的数字化螺纹检测系统、复合加载试验系统、立式挤毁系统、煤气化设备等日益成熟，走出关键重大石油管检测评价装置自主保障的重要一步。围绕质量安全，发展完善页岩气井套变控制技术，建立在役管道应变能力预测评估工具，形成储气库井口装置检测评价技术，组织开展储气库安全环保专项审核和储罐检测评价，保障国家重点油气田和储运设施安全平稳运行。

【质量标准】 2022年，工程材料研究院在质量把关方面履行国家石油管材质量检验检测中心职责，完成86家企业型式试验和29家企业鉴定评审，承担集团公司30批次年度抽检，完成油气田、国家管网集团和制造企业等委托的物资抽检、产品检验、失效分析、质量评价、争议仲裁等项目650余项，承接油建公司103批次环焊缝检测评价，开展认证认可咨询、防腐生产线设计建设、油套管修复再利用等技术服务，拓展井下工具、绝缘接头、储氢气瓶等实物评价业务，经营收入破亿元。国际标准化方面，制修订发布国际标准3项，1项国际标准进入FDIS稿阶段，3项国际标准成功立项；绿色低碳国际标准化工作持续推进，"油田设备材料绿色制造和低碳排放指南"进入投票阶段，主导编制绿色制造立场报告，为ISO/TC67开展绿色制造国际标准化工作指明了方向。国标、行标与企标方面，制修订各类标准47项，其中国标12项、行标10项、集团企标2项、团标17项、院标6项。石油管材专业标准化技术委员会被授予年度先进专标委称号。

【成果转化】 2022年，工程材料研究院新增特种设备检验（DD2、DD3）、压力管道安装（GA2油气管道、GB1燃气管道和GC1工业管道）、风电监造等资质，技术服务实力和品牌持续提升。工程技术服务方面，累计监造输送管93万吨、油套管66.9万吨（同比增长43%）、钻杆0.8万支、钢管防腐85万吨、弯管管件3.4万件（同比增长244%）、阀门、撬装设备、泵类、压力容器等设备3400余台（同比增长42%）；完成西部管道、西南管道环焊缝评价1300余处。新产品新技术推广方面，紧扣油田需求，研发缓蚀剂、螺纹密封剂与解堵增产新产品，实现工业化生产及应用；推广新型可降解凝胶暂堵剂、膨胀管固井、纤维增强树脂管复合贴堵等套损井治理新技术，完成套损井治理97口；加快特殊螺纹、井下工具、接头类产品的开发应用，新签订合同8000万元。非金属复合管科技成果规模化转化方面，开发出大口径高压玻璃钢管、耐高温玻璃钢油管和井口玻璃钢管串等新产品，与塔里木、新疆、吐哈、青海、长庆、吉林等油气田签订合同3.1亿元，收入1.7亿元，为重点油气田增储上产贡献力量。

【改革管理】 2022年，工程材料研究院落实国务院国资委科改示范企业各项要求，推进公司治理体系、选人用人机制、约束激励机制、激发创新动能等方面改革，取得成效。优化完善党委前置研究重大经营管理清单，党委"把方向、管大局、保落实"领导作用更加坚强有力；实施任期制与契约化管理，覆盖率100%；开展管理人员竞争上岗，推进员工市场化退出，干部"能上能下"、员工"能进能出"的机制更加完善；强化工效挂钩，实施岗位分红激励、国家科技项目绩效奖励和项目收益分红激励，充分激发创新活力。改革三年行动和对标提升行动有效实施，任务完成率100%。强化财务管理，着力内部挖潜增效，运用国家和地方税收政策节约付现支出1600余万元；制修订《质量事故管理规定》《作业许可安全管理办法》《招标管理办法》《市场管理办法》等，质量、安全、采购、招投标和市场管理更加规范高效；落实"2022年法律工作要点"、年度普法计划及"十四五"法治建设实施细则，完善法律相关规章制度，修订《劳动合同》和《就业协议书》，全力杜绝法律风险，合规管理和依法治企水平不断提升。

【人才队伍建设】 2022年，工程材料研究院推进"人才强企工程"，组织完成4批干部选拔任用工作，提拔使用二级正职4人、二级副职6人，进一步使用2人，干部队伍结构进一步优化；壮大科技领军人才队伍，1人入选陕西省高层次人才引进计划，1人获孙越崎青年科技奖，3人入选陕西中青年科技创新领军人才，2人入选陕西青年科技新星，2人入选中国科协青年人才托举工程，16人入选西安市各类人才计划，"油气储运设施完整性创新团队""复杂油气井筒完整性控制创新团队"分别入选陕西省"创全国一流团队"和"全省一流团队"；加大青年人才培养，15名青年科技人才入选集团公司培养计划，13人入选工程材料研究院青年拔尖人才计划，蒋龙在第一届"创青春"中国青年碳中和创新创业大赛中获全国特等奖，孔鲁诗、宋成立在集团青年创意大赛中分别获一等奖；新增正高级职称9人，引进博士9人，人才队伍价值进一步提升。

【QHSE管理】 2022年，工程材料研究院健全完善QHSE管理体系，强化重大风险点和易燃、易爆、危险化学品储存场所等重点领域、要害部位和关键环节安全监管，突出对实验室、驻外机构和生产与服务现场开展"四不两直"安全监督检查，实现了安全生产零事故、环境保护和质量控制零事件，获中国质量协会质量技术一等奖1项、集团公司QC成果3项及质量信得过班组优秀奖1项。坚持"人民至上，生命至上"，抓实抓细常态化新冠肺炎疫情防控工作，组织集中核酸检测115轮2万余人次，做好防疫和生活物资保障、院区和家属区消杀，在保证正常工作秩序的同时，最大限度保护了员工和家属的生命安全和身体健康。

【健康企业建设】 2022年，工程材料研究院贯彻"以人民为中心"发展思想，贯彻集团公司《健康管理规定》，开展健康企业建设。完善职工健康体检制度，优化体检项目，落实年度健康体检。重视员工身心健康，推广应用"中E家园"App，实现在线诊疗、重病报销全覆盖。有序推进健康小屋建设，配备血氧仪、血压计、制氧机等健康检测监测设备，切实关心关爱员工身体健康。开展《职业病防治法》宣传周活动、定期组织健康知识培训，倡导合理膳食、适量运动、戒烟限酒等健康生活方式，提高员工健康素养。

【企业党建工作】 2022年，工程材料研究院党委全面学习、把握、落实党的二十大精神进入新境界。把迎接、宣传、贯彻党的二十大作为首要政治任务，全面落实集团公司"喜迎党的二十大"二十六项重点措施，成立工作领导小组，强化组织领导和责任落实，确保二十大精神全面贯彻执行。组织党员群众到绥德、米脂等陕北革命老区开展"喜迎二十大 奋进新时代"主题党日活动，营造喜迎二十大浓厚氛围。组织收听收看党的二十大开幕盛况，第一时间学习聆听习近平总书记大会报告。及时组织学习研讨，领导带头开展宣讲，迅速掀起学习热潮。制定发布学习宣传贯彻党的二十大精神方案，不折不扣推动党中央重大决策部署全面落实落地。

全面从严治党推向新纵深。把政治建设摆在首位，严格"第一议题"制度，及时跟进学习习近平总书记重要讲话精神，开展学习讨论13次。组织党委理论学习中心组学习11次，推动党史学习教育常态化长效化，持续用党的创新理论武装头脑、推动工作、指导实践。全力落实集团公司巡视反馈问题整改，针对反馈的11个方面34个问题，明确91项整改措施，逐一落实、逐条整改，完成全部整改任务。组织开展基层党建工作考核、党支部达标晋级和先进典型选树等工作，推动基层党建"三基本"建设与"三基"工作有机融合。加强宣传舆论引导，在中国石油主页、《中国石油报》、陕西省科技厅网站等刊登稿件69篇，与陕西卫视合作拍摄专题片，多篇报道被人民网、新浪、网易、澎湃新闻等主流媒体转载。扎实推进"转观念、勇担当、强管理、创一流"主题教育活动，为全面完成年度任务目标、推动高质量发展提供了强大动能。加强党风廉政建设和反腐败工作，聚焦监督主责做实政治监督，突出重点领域做细日常监督，持续纠"四风"树"新风"，政治生态持续向好。

（杨　溪）

工程建设企业

中国石油管道局工程有限公司

【概况】 中国石油管道局工程有限公司（简称管道局，英文缩写CPP）是中国能源储运领域的专业化公司，发端于1970年大庆—抚顺原油管道工程会战（史称"八三"工程），1973年4月16日正式成立。1999年，集团公司将输油气业务剥离，重组设立中国石油管道公司，管道局被集团公司定位为油气储运工程建设专业化公司。2016年，管道局实施主辅分离，主业部分随中油工程整体上市。未上市部分名称为中国石油天然气管道局有限公司。

管道局是行业领军的工程承包商。拥有石油化工施工总承包特级、海洋工程专业承包一级、市政公用工程总承包一级资质，拥有15个系列、139项核心技术，承担中国4条能源战略通道70%以上的综合工作量，累计建设国内外长输油气管道超过12万千米、海洋管道近500千米；承担中国石油长庆、青海、塔里木、大港、华北等油气田地面工程服务保障任务；设计建设中国石油第一座大型地下水封原油储库，建成各类原油和成品油储罐2800万立方米；设计或建设湖北黄冈、天津南港、广东潮州、中交营口等LNG储配站、接收站；设计建设国内管径最大、压力最高、输量最大的河南济源—洛阳氢气管道；有20余年市政工程建设经验。建设的中亚天然气管道工程、中缅天然气管道工程（境外段）、中俄东线天然气管道工程（黑河—长岭）获国家优质工程金奖，兰州—银川输气管道等17项工程获国家优质工程奖；中缅天然气管道工程（境外段）、北京燕山石化30万吨乙烯改扩建工程获中国建设工程鲁班奖，中亚天然气管道工程获中国土木工程詹天佑奖。"十三五"以来，57项工程获省部级以上荣誉。

管道局是行业优选的综合服务商。构建了能源储运工程从规划、科研、咨询、勘察、设计、采办、施工、通信、自动化、机械制造到投产运营、维修抢修、技术服务保障的全产业链全生命周期的建设管理能力，经营足迹遍及全球50多个国家和地区，为70余家国内外能源公司提供服务。有油气管道工程勘察设计咨询综合甲级设计院、油气管道科学技术研究院，以及行业唯一的油气管道输送安全国家工程研究中心，具备陆上和海洋管道、大型油气储库全生命周期设计建设能力；掌握油气田地面集输和炼化装置设计安装、管道通信及自动化控制系统设计安装，以及 LNG 净化、液化、储存、接收站设计建设核心技术；在氢能制储运销、超临界二氧化碳输送等新能源新业务领域研发形成 22 项专项技术；自主研发 CPP900 全自动焊技术装备、管道数字孪生体平台、管道光纤预警系统、国产 SCADA 软件系统，填补多项国内技术空白；具备全自动焊、全自动超声检测、智能型快开盲板、管道承压设备、工业加热炉等装备规模化制造能力。"十三五"以来，获省部级以上科技奖励 28 项，授权专利 681 件，参编国际标准 2 项，主编国家标准 32 项、行业标准 103 项、中国石油企业标准 110 余项。

管道局是行业认可的投资运营商。有 50 年管道运营管理经验，油气储运安全专业研究所，以及通信、维抢修、检测、防腐等 7 支专业化技术服务队伍，廊坊抢险中心是国内唯一的油气管道国际救援队；有亚洲最大的检测数据分析中心和管道智能检测器测试中心，自主研发原油管道加热输送等管道运行技术，制定油气管道运营技术规范，具备油气管道、储库、LNG 接收站/液化工厂、单点系泊等各类储运设施运营管理能力，承担国家石油储备库运营任务，运行各类管道总里程 3 万余千米。创新服务模式，以"投建营一体化"方式建设揭阳天然气管道等项目，以"EPC+运营"方式承揽泰国北部成品油管线、孟加拉国单点系泊及双管线等多项海外工程，努力为客户创造更大价值。

2022 年底，管道局有机构 45 个，包括 9 个机关职能部门、6 个直属机构、30 个二级单位（其中参股单位 1 个）。管道局上市部分和未上市部分是一套总部机关。员工总数 21638 人，其中合同化员工 13894 人、市场化员工 7744 人，另有劳务派遣用工 1985 人。本科及以上学历 11266 人，占比 52%；中高级职称人员 8961 人，占比 65%。国家级勘察设计大师、管道局首席专家 1 人，行业勘察设计大师 5 人，集团公司技能大师 1 人，集团公司技能专家 14 人，享受政府特殊津贴人才 6 人，各类专业技术人才 7568 人。

2022 年，管道局坚持以习近平新时代中国特色社会主义思想为指导，贯彻新发展理念，融入新发展格局，大力弘扬大庆精神铁人精神和管道优良传统，明确"1234·10445"新时期总体发展战略。即"1"是锚定一个目标：建设世界一流能源储运公司。"2"是坚持两轮驱动：管理驱动和科技驱动。"3"是打造三商平台：工程承包商、综合服务商、投资运营商。"4"是实施四大战略：创新战略、市场战略、国际化战略、绿色低碳战略。"10"是发展十大主营业务：陆上管道、油气田地面工程、技术服务、新能源、油气储库、LNG、涉海涉船、油气运营、智能制造、市政工程。"4"是推进市场"四化"：业主多元化、模式多样化、领域高端化、策略个性化。"4"是实施四大工程：党建护航、人才强企、管理提升、文化铸魂。"5"是强化五大保障：加强党的领导、持续深化改革、维护安全稳定、坚持依法合规、营造良好氛围。管道局新签合同额307亿元，经营收入220亿元，利润总额0.88亿元，上缴税费4.31亿元，资产总额418.53亿元，大型施工设备3719台套，设备新度系数0.12。

管道局主要生产经营指标（上市业务）

亿元

指标	2022年	2021年
新签合同额	307	309
经营收入	220	210
利润总额	0.88	0.03
税费	4.31	4.44

【市场开发】 2022年，管道局全年新签市场合同额307亿元，其中国内、系统外分别占比63%、81%，签约项目数量同比增长38%；超额完成提质增效奋斗目标。国内，签约油气田地面建设、西藏销售725扩容改造、昆仑能源天然气支线等系统内工程，合同额54亿元；中标西三中、西四线、双台子储气库双向输气管道等国家管网集团项目，合同额68亿元；承揽神木—安平煤层气管道（陕西—山西段）、冀中管网四期EPC、秦皇岛—丰南沿海输气管道等地方市场工程，合同额70亿元。国际，签约尼日利亚AKK天然气管道、伊拉克鲁迈拉油田综合施工服务、泰国邦巴功至南曼谷发电厂天然气管道及第七天然气处理厂互联管道等项目，合同额114亿元。

【工程项目】 2022年，管道局承担工程项目1154个，其中重点工程项目141个。安装陆上管道2561千米、海洋管道133千米、储罐215万立方米、油气田地面井口2285座，运营管道1.8万千米、站场阀室428座、储库20座，在役管道检测2.3万千米，储罐清洗224万立方米，封堵51次，抢修17次。青藏管道、揭阳地上库、中俄东线南段、泰国东北部成品油管道等32个项目顺利建成或投产，楚雄地下洞库、尼日尔二期一体化等项目按计划稳步推进。新能源新业务初具规模，已建和在建项目合同额超过5亿元。尼贝管道项目获评2022年国际工程数字化最佳技术创新实践案例。

【改革调整】 2022年，管道局全面完成改革三年行动7方面75项目标任务。6

家分公司建立模拟法人治理结构，纳入应建范围的子企业全部设立董事会。整合两家国际业务单位，成立中东地区公司、东南亚地区公司。全年累计压减二级、三级机构 116 个、压减率 15%，压减二级、三级领导人员职数 355 人、压减率 12%。全年累计减员 843 人，优化置换 787 名劳务派遣用工，一线管理、技术、高技术含量操作岗用工占比提高至 90.4%。中国石油天然气管道工程有限公司"科改示范行动"取得进展，智能管道合资公司正式成立。完成法人单位压减、全民所有制和厂办大集体企业改革目标。规范开展重大事项法律论证，山西燃产等 62 个案件纠纷圆满解决，收回工程款 3.8 亿元。管道局连续四年获评集团公司法治建设 A 类企业。

【提质增效】 2022 年，管道局贯彻"四精"要求，落实"五提质、五增效"10 大措施，全年增效 6 亿元。按照"六个精准治理"工作要求，制订亏损企业扭亏方案，"一企一策"，华油工建公司、辽宁金龙房开公司、沈阳国际饭店扭亏为盈，管道局未上市实现减亏。持续压控"三金"余额，开展工程项目结算清理专项行动，全年累计清理项目 158 个、结算金额 17.9 亿元。聚焦中俄东线南段、尼贝管道等重点工程，通过优化设计施工方案、合理配置资源等方式，压降成本费用 1.8 亿元。利用新冠肺炎疫情税费优惠政策，减免各类费用 1.3 亿元。关闭 2 家法人单位，关闭注销或转让 4 家厂办大集体企业。

【科技创新】 2022 年，管道局开展科研课题 135 项，获授权专利 46 件，获河北省技术发明二等奖 1 项、江苏省科学技术进步奖三等奖 1 项，承担的集团公司年度科技项目考评均为优秀。完善科技创新体系，新增压力管道元件、新能源技术、油气储备技术 3 个研究分中心，构建"1+11+10"科技创新体系。升级山地全自动焊施工配套技术，施工效率较组合自动焊提高 2 倍、合格率提高 15%。攻克陆对海定向钻穿越、大深度后挖沟穿越航道等世界性难题，掌握单点系泊系统设计安装技术。自主研发的超高清漏磁复合内检测器，采集信息量扩大 15 倍以上，填补国内空白，达到国际先进水平，在陕京三线、中缅管道成功应用。推广自主研发的 CPP900 自动焊系列装备、DR 检测设备、漏磁检测器等科技成果 24 项，累计实现合同额 3.4 亿元，创效 5000 余万元。提升信息化数字化管理水平，推进北斗导航能源安全生产综合监管系统项目，完成平台及业务应用开发 17 套、接入 15 家试点单位，初步构建集团公司自主可控的北斗时空信息服务体系。开发具有自主知识产权的 Wis 系列产品，保证管道数据安全，在中俄东线、尼贝管道等项目成功应用。加强标准管理，制修订国标 5 项、行标 13 项、集团企标 6 项，主编的氢气输送管道工程设计规范、氢气输送管道施工技术规范等 2 项标准，填补了国内空白。

【健康安全环保】 2022年，管道局落实"十五条硬措施"，开展安全生产大检查，全面排查安全风险和问题隐患，累计检查项目1632次、作业现场3101次，保持安全生产平稳态势。审核二级单位32个、基层单位和作业现场167个，发现并整改问题1180个。分级建立"两清单一台账"，严格执行"挂图作战"、作业许可、安全目视化、现场准入证管理等风险管理要求。发挥"四级"监督网络作用，加强"四不两直"抽查、视频巡查和"回头看"，狠抓"低老坏"升级问责，累计发现问题8742项，问责4268人次、经济处罚67万元。持续深化基层站队HSE标准化建设，累计完成276个基层站队HSE标准化建设和验收、完成率100%，CPP316机组获集团公司级HSE标准化建设示范站队。修订QC小组管理办法，55项QC成果、11个质量信得过班组获省部级及以上奖励。青藏管道公司通过集团公司健康企业试点验收。妥善应对哈萨克斯坦、斯里兰卡、尼日利亚等国际社会安全突发事件。

【企业党建工作】 2022年，管道局落实"第一议题"制度，召开党委会、领导班子工作例会、党委中心组学习会110次，深入学习宣传贯彻党的二十大精神，落实学习贯彻习近平总书记重要指示批示精神10项措施，开展系列主题活动，制订学习宣贯方案，拟定30项具体任务，两级党委带头开展"大学习、大宣传、大落实"，掀起学习宣贯热潮。动态优化党组织设置，坚持党支部达标晋级和支部书记持证上岗动态管理，全方位考核党建工作责任制落实情况，党委书记述职评议实现全覆盖。推进基层党建"三基本"建设与"三基"工作有机融合，编制项目党建标准化工作手册、项目党建目视化指导手册。全面实施人才强企工程，健全完善选人用人机制，全年充实调整领导人员131人，加大优秀年轻干部培养选拔力度，新提拔干部中"80后"占33%。持续完善人才成长通道及配套政策，1人获评管道局首席专家，16人分获管道局高级专家、一级工程师（骨干专家），1人获评全国技术能手，15人获评集团公司技能专家，32人分获管道局技能专家、首席技师。管道局获批集团公司河北地区技能人才认定中心。在新华社、央视等主流媒体刊发一系列反映企业改革发展成果的宣传报道，在中国石油海外推特和脸书积极发声，扩大品牌影响。完善企业文化体系，开展"知理念、付行动、融管理、见实效"文化引领专项工作，文化向心力凝聚力不断增强。严肃处理专案42名涉案人员，以典型案例为镜鉴开展警示教育，健全完善制度机制，强化内部巡察和专项检查，大力正风肃纪。

【山地智能柔性自动焊装备应用成功】 2022年10月20日，管道局应用自主研发的山地智能柔性内焊机、双跟踪双焊炬外自动焊机和山地运布管吊装组对设备，采用山地全自动焊新工艺，完成西三中枣阳—仙桃段三标段最大陡坡（220

米、坡度30度）焊接施工。至此，该标段山区陡坡段施工全部完成，累计焊接5.6千米、465道口，管径1219毫米，最大纵向坡度30度、最大水平转角57度。较组合自动焊工艺工效提高2—3倍，合格率由82%提高到97.89%，实现了大口径长输管道山地焊接施工不留断点的新突破。

2022年10月20日，山地智能柔性自动焊装备现场应用成功（张帅　摄）

【定向钻穿越创世界纪录】　2022年11月7日，管道局承建的双台子储气库绕阳河定向钻穿越工程历时70余个小时实现一次性回拖成功，工程自2022年7月18日开钻，主管穿越长度2293米，管径1219毫米，创造了世界大管径（D1219毫米）穿越距离最长的定向钻穿越新纪录。

2022年11月7日，双台子储气库定向钻穿越成功（慕明健　摄）

（赵利杰）

中国石油工程建设有限公司

【概况】 中国石油工程建设有限公司（简称工程建设公司，英文缩写CPECC）成立于1980年，注册地点为北京市西城区，是以原中国石油工程建设公司和原中国石油集团工程设计有限责任公司为基础，整合油气田地面工程设计和施工业务组建的以陆上石油天然气上游工程前期设计咨询、工程承包、装备制造和运营维护为主营业务，发展海洋石油天然气工程、液化天然气工程、非常规油气工程和非油能源工程业务的专业化公司。

工程建设公司曾连续24年入选美国工程新闻纪录（ENR）全球最大250家国际承包商排名，是连续入围次数最多的中国承包商，最好成绩第27位。工程建设公司连续14年获"对外承包工程AAA级信用企业"。获省部级及以上奖励749项。其中：国家级科学技术进步奖6项、中国建设工程鲁班奖6项、勘察设计奖38项、国家"百项经典暨精品工程"3项、优质工程奖129项；省部级科技进步奖316项、勘察设计奖721项。获"全国五一劳动奖状"。连续4年保持集团公司国际社会安全五维绩效考核"卓越级"。2022年，获集团公司先进集体和生产经营先进单位。

2022年底，工程建设公司各类用工共计32058人，其中中方自有用工25378人、外籍雇员6680人。中方自有用工中管理和专业技术人员9407人。其中：本科及以上学历人员7428人，占比79%；中、高级职称人员7475人，占比79.5%；拥有享受政府津贴专家8人，行业级勘察设计大师10人，集团公司技能专家11人，全国技术能手23人。

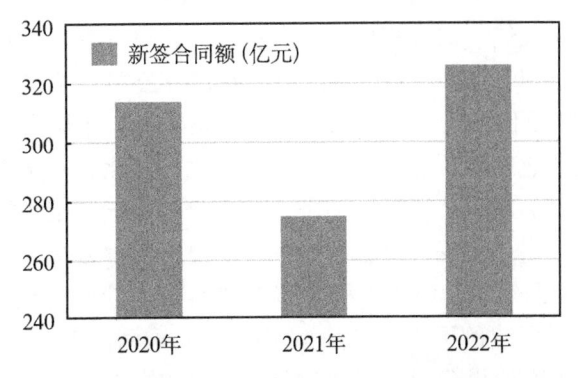

2020年、2021年、2022年工程建设公司新签合同额对比图

2022年，工程建设公司新签合同额 326 亿元、营业收入 398 亿元，为近 5 年最高。全面超额完成业绩指标，排名集团公司工程建设企业首位。

【市场开发】 2022年，工程建设公司新签合同额同比增长 6.9%，完成率 127.84%；系统外占比 60%，同比增长 43.4%；海外新签合同额系统外同比增长一倍。国内，签约神木气田、巴彦油田、新疆油田 CCUS（二氧化碳捕获、利用与封存）等项目。承揽新疆零散气回收 LNG 处理项目。获山东省"一号工程"——裕龙岛炼化项目、宁波大榭石化炼化一体化等项目。海外，签约伊拉克西古尔纳 -1 油田原油处理列、鲁迈拉 MQNT 原油处理和祖拜尔 HM 新增压气站 EPF 项目。获首个高端市场前期咨询服务项目——阿布扎比西东战略管道、伊拉克纳西里耶天然气处理厂和九区块原油处理设施详细设计等咨询设计合同。与海洋石油工程股份有限公司合作，承揽乌干达翠鸟 Kingfisher 油田 EPC 工程。新能源新业务，新签合同额 32 亿元，占比 9.8%，同比增长 113.8%。承揽新疆和田河、塔西南和青海天然气综合利用项目，获吉林油田、玉门油田、新疆油田、冀东油田、华北油田、西南油气田风电光伏及阿联酋迪拜 950 兆瓦光热光伏电站安装工程。获壳牌两个绿氢制取和加注前期咨询合同。签约佛山佳利达 1 万吨燃煤烟气二氧化碳捕集与碳铵固碳示范工程和中国海油燃气发电升级 CCUS 项目。

【工程项目】 2022年，工程建设公司执行项目 5382 个，完工 2648 个；其中重点项目 98 个，投产 37 个。获国家级 QC 成果 4 项，省部级 QC 成果 49 项，创历年之最。国内，建成全球单套处理能力最大芳烃、国内同类最大单体烷基化等重点装置。工程建设公司西南分公司总承包、工程建设公司四川油建公司和中国石油第七建设公司承建的神木气田佳县区块南区产能建设地面骨架工程顺利投产，创造"当年开工、当年投产"大型整装气田建设奇迹；国家重点工程新疆塔西南和青海天然气综合利用项目顺利投产；国内首个气田伴生地热发电项目磨溪 X210 井并网发电。工程建设公司北京分公司总承包的国内印染行业首个 CCUS 示范项目佛山佳利达项目生产出合格干冰。中国石油第一建设公司承建的国家石化产业基地重点项目——盛虹炼化一体化项目按期中交。工程建设公司中油（新疆）工程公司设计的塔中沙漠公路零碳示范工程正式投产。中国石油第一建设公司、工程建设公司中油（新疆）工程公司、工程建设公司四川油建公司参建的西气东输四线工程入选 2022 年度央企十大超级工程。工程建设公司华北分公司承建的国内首座陆上 LNG 薄膜罐河间 LNG 调峰储备库项目一次投产成功。工程建设公司四川油建公司承建的塔里木油田玉科哈一联项目顺利投产。中国—俄罗斯东线南段及 5 个集团公司炼化大检修项目完成。海外，伊拉克格拉芙油田3、4、5原油处理列项目取得临时验收证书；哈法亚油田注水增压项目在"EPC+六化"精益管理模式下开展，建设周期缩短20%，成本降低15%；哈法亚油田三期工程获中国建筑工程鲁班奖和国家优质工程金奖。阿联酋巴布油田项目顺利交工并取得临时验收证书，获项目管理协会PMI（中国）"一带一路"国际项目大奖；哈伯善脱瓶颈项目打破阿布扎比国家石油公司工期最短纪录，创标杆项目。尼日尔油田二期和尼日尔—贝宁管道项目按计划推进。阿尔及利亚HBR油田开发一期项目取得首油临时验收证书。哈萨克斯坦巴佐伊压气站扩容项目首台压缩机组提前点火。俄罗斯AGPP二期工程顺利投产。土库曼斯坦西部气田项目提前3个月投产，刷新土库曼斯坦工程建设新纪录，获国际工程绿色供应链杰出项目奖。

【科学防控风险及安全复工复产】 2022年，工程建设公司成立各级风险管理委员会，建立分国别风险数据库。推广使用"全员查隐患"App，实施承包商人员全员面试考核。实现230个百万安全人工时，5300万千米安全行车里程，创历史最好水平。推行所属单位主要负责人任职满3个月安全生产述职、安全总监每半年HSE述职和新任项目经理履职前具备三个月安全管理岗位工作经历等举措。开展复工复产专项安全检查、安全生产大检查、安全生产专项整治自查整改等一系列隐患排查整治，查改问题19018项。严格落实海外安全风险分级管控，审核安保方案617份，发布海外社会安全预警信息100余项。推动5230名海外员工倒班轮岗。组织急救、心理健康知识和疟疾等传染病防治培训。工程建设公司本部和工程建设公司西非公司通过集团公司健康企业验收。

【深化改革】 2022年，工程建设公司推进业务型总部和大部制改革，海外单位扁平化管理，压减二级机构2个、三级机构33个；完成机关243人经营管理序列岗位聘任。建立专业技术岗位体系，制定技术序列改革方案，选聘公司高级专家1人、公司专家8人。探索紧密型内部联合团队和加强型设计支持服务模式，在阿联酋贝尔巴泽姆项目试点应用。建立设计优化案例库，将设计融合、优化和"六化"建设纳入考核。创新开展"互联网+监督"模式。落实施工企业转型升级方案，推动装备制造基地升级改造，运行制造项目344个。

【科技创新】 2022年，工程建设公司建成国家能源局液化天然气技术研发中心，牵头建设中国石油天然气综合利用技术研发中心，共建中国石油地热能技术研发中心和中国石油煤炭地下气化技术研发中心。成立新能源事业部并确立天然气综合利用、地热、清洁电力、CCUS、氢能、煤炭地下气化等六大发展领域，承接2项国家级课题，成功应用于新疆塔里木西南天然气综合利用工程。设计制造首台全国产化60万米^3/日LNG绕管式换热器并一次性开车成功。成立软件国产化领导小组和项目组，推动三维设计和流程模拟软件国产化并在集团公司申请立项。"二氧化碳捕集与电化学生物转化集成平台技术"获第一届中国青年碳中和创新创业大赛银奖。推广应用公司生产经营管理EMP2.0信息化系统，工程建设公司中东地区公司实现项目全过程信息化管理。哈萨克斯坦巴佐伊压气站扩容、土库曼斯坦西部气田、尼日尔油田二期等项目成功使用数字化交付平台。"六化"建设成果广泛应用，广东石化项目抽余液塔制造使用4000吨级超大型压力容器整体制造技术。

【提质增效】 2022年，工程建设公司推进提质增效价值创造行动，创效6.1亿元，完成率107%；实现自由现金流6.19亿元。引入激励机制，调动设计团队降本增效积极性。推广应用框架协议采购、联合采购等规模化采购模式，二级物资集采种类比上年增加75%，物资集中采购度99.85%，节资率10.41%。提级开展催收清欠专项行动，领导挂牌督导16个重点项目结算，完成36.8亿元清欠任务。持续开展已完工未关闭项目的清理，清理关闭562个，关闭率43.5%。推进国内在建项目减亏，核销关闭104个，扭亏转盈24个，减亏面40.63%。开展纠纷案件专项治理，结案37起。

【人才强企】 2022年，工程建设公司推进领导班子功能强化和"三强"干部锻造，提拔中层干部30人，其中40岁左右占比43%；配备40岁左右班子成员的主体单位达93.3%；交流中层干部12人；40岁左右中层干部占比由2022年初的7.68%提升至11.74%，年龄结构、梯次结构初步改善。11人受聘集团公司技能专家，4人入选"石油名匠"培育计划，12人成为集团公司青年科技人才培养人选。成功举办集团公司第二届创新大赛工程建设专业比赛，获一等奖、三等奖各1项。

【企业文化建设】 2022年，工程建设公司推出《奋斗者风采》《旗帜引领·非凡十年》等系列栏目，制作原创作品221个，微信视频公众号浏览量超100万，76个作品被"中青网""国资小新""中国石油"等媒体转发。将群策群力行动和"转观念、勇担当、强管理、创一流"主题教育活动相结合，尊重员工群众首创精神。组织广东石化项目"大干六十天，冲刺'6·30'"等7个劳动竞赛。中国石油第一建设公司王琦担任2022年北京冬奥会火炬手；裴先峰被"新华网"等媒体典型宣传，裴先峰劳模创新工作室被命名为"集团公司劳模和工匠人才创新工作室"；曹遂军获河南省十大"师带徒"标兵；工程建设公司西南分公司蒲远洋、中国石油第一建设公司彭新凯、工程建设公司中东地区公司高克辉、工程建设公司土库曼斯坦分公司代宝昌获集团公司先进工作者；工程建设公司中东地区公司马宇获集团公司巾帼建功先进个人；伊拉克哈法亚天然气处理厂项目部、中油七建公司机电工程分公司电工李高翔班获集团公司青年安全生产示范岗。

【企业党建工作】 2022年,工程建设公司贯彻落实"第一议题"制度,召开党委会传达学习贯彻"第一议题"33次,组织集中学习研讨6次,举办高质量发展大讲堂2期。"卓越党建"三年行动计划在党建工作责任制考核中获评集团公司A档。设立党校及8个分校,成立5个党建协作区,举办党校第一期基层党支部书记暨党务工作者示范培训班。推行"党建+"新模式,首创承包商党组织互联共建,涵盖38个承包商党组织和923名承包商党员,两级机关100个党支部与基层党支部"结对子"。设立审计中心、5个分中心和6个区域纪检监督组,交流使用4名纪委书记,实现两级党委巡察全覆盖。

(罗洪岩　陈　璐　陈晓慧　方　璇)

中国寰球工程有限公司

【概况】 中国寰球工程有限公司(简称寰球公司)成立于1953年,2005年划入中国石油,是以技术为先导,以设计为龙头,集咨询、研发、设计、采购、施工管理、设备制造、开车指导、融资等多功能于一体的、国内领先的炼油化工工程总承包公司。寰球公司有工程设计综合甲级资质、工程咨询甲级资质、环评甲级资质、工程造价甲级资质、化工石油工程施工总承包特级资质和对外工程承包资质。

寰球公司主要生产经营指标

亿元

指　　标	2022年	2021年
签订合同额	305	305
收入	217	212.2
净利润	5.5	3.2
税费	4.5	5.3

寰球公司工程领域涉及化工、炼油、石油化工、化肥装置及储运工程、精细化工、油田地面设施、海洋石油工程、天然气液化与接收、煤的清洁利用、新能源、轻工、纺织、医药、化学矿山采选、工程地质勘察、工程测量、岩土

工程、环境工程、储运设施及压力容器设计制造安装、非标设备、钢结构及管道加工制造安装、无损检测等多个行业和领域。业务遍及国内以及东南亚、西欧、美洲、中东等近30个国家和地区，是国内同行中国际化程度较高、项目运营国家较多的企业，也是率先独立进入美国、沙特阿拉伯、新加坡、加拿大、意大利等炼化工程建设高端市场的国际工程公司。近70年来，完成2000多项国内外大中型项目的咨询、设计、施工和总承包建设任务。近10多年来，成功执行一批代表国际规模、技术的大型乙烯、炼油、化肥、煤化工、LNG等国内外项目的工程总承包（EPC）。

寰球公司有良好的企业资信和商誉，首批获"AAA级信用企业"和北京市"高新技术企业"称号，被评为国庆60周年勘察设计行业"十佳工程承包企业"，连续20年被美国《工程新闻纪录》评为全球最大的225家国际工程承包商和全球最大的200家国际设计公司，且排名稳步提高，是连续20年同时进入上述排行榜的唯一一家中国公司。

2022年，寰球公司面对复杂多变的国内外经济环境和新冠肺炎疫情持续反复带来的严峻考验，聚焦主责主业、强化创新驱动、提升治理能力、巩固和谐稳定氛围，全面完成年度重点任务。连续两年获评集团公司先进集体和质量健康安全环保节能先进企业，连续五年获集团公司党建工作责任制考核A级评价，全年新签合同额305亿元，营业收入217亿元，净利润5.5亿元，全方位高质量发展成效显著。

【工程建设】 2022年，寰球公司执行项目1081个，项目整体运行平稳受控，先后获省部级以上奖励52项，其中乌兹别克斯坦PVC项目获国家工程建设最高荣誉"鲁班奖"。重点项目按计划有序推进，寰球公司有史以来承接的规模最大、参与二级单位最多的广东石化炼化一体化项目顺利中交；吉化（揭阳）ABS、"两锦"转型升级、天利高新EVA等12项重点工程高水平建成；天津南港LNG薄膜罐整体机械竣工；吉林石化、广西石化大乙烯等集团公司炼化转型升级重点项目进入实质性建设阶段。项目管控更趋严格，承包商管理、供应商管理、采购招标管理全面加强，EPC全过程精细管理水平不断提升；开展预算管理检查，整改问题180项；公司项目预算平均下达率99%以上。"六化"成果更加显著，工程建设246项工作按期完成，取得"聚烯烃产品线标准化设计""大型塔器一体化施工"等多项应用成果。

【市场开发】 2022年，寰球公司年度新签合同额受控运行，全面完成全年任务指标。系统内市场"应拿尽拿"，系统外市场再创新高，海外市场在中亚、中东等区域取得关键性突破，通过前期咨询业务成功撬动多个重点项目，"两优化"

发展新局面初步形成。成功签约巴斯夫乙烯联合、协鑫汇东接收站、河北新天接收站储罐、联泓格润EVA、山东裕龙炼化主装置施工、贵阳燃气储备及应急调峰、福建古雷、盛虹二期、吉林石化和广西石化转型升级等项目。强化"两新"市场开发力度，突出市场先行，"两新"业务同比增长近80%，新签鄂尔多斯瀚峡新能源光伏制氢、恒力石化高性能树脂及新材料设计、华北石化CO_2捕集利用、大庆和吉林CCUS等项目。

【科技创新】 2022年，寰球公司聚焦核心竞争力提升，取得一系列新成效。全年获国家级、省部级以上奖励67项，授权专利56件，技术秘密24项，主参编国际级、国家级以上标准55项；寰球公司再获国家高新技术企业认定；乙烯关键工艺技术获中国专利银奖，千万吨炼油技术获集团公司科技进步一等奖，孙长庚、李春燕获侯德榜化工科学技术奖，寰球公司核心竞争力和行业影响力不断增强。加快核心技术迭代升级和自有技术推广应用，集团公司重大科技专项大炼油二期高水平验收；聚丙烯、聚苯乙烯、丙烯酸等22项技术完成工艺包开发或升级；联合研发乙烯"三机组"、石油树脂加氢反应器等相关领域，实现9项装备国产化替代；丙烯腈、甲基丙烯酸甲酯（MMA）等15项自有技术成功推广应用；乙烯裂解炉高效节能技术入选《国家工业和信息化领域节能技术装备推荐目录》。启动炼化装置终端再电气化率提升、"零碳乙烯"等"绿色低碳"研究，推进α-烯烃、聚烯烃弹性体（POE）等20余项前瞻性引领性技术攻关，承担全国首个大型绿氨和集团公司首套可再生能源制氢示范项目设计任务，中标系统内外多套CO_2吸附项目，CCUS业务实现"零"的突破；本部办公园区屋面光伏节能项目建成投用，绿色低碳发展迈出新步伐。健全科研创新体系，全面实施科研课题项目制管理，建立科研项目过程奖励机制，"一院二站六中心"平台强磁场效应充分发挥，先后与国内外15家高校院所、业主、专利商和制造厂商签署战略合作协议，建成8个创新联合体；"乙烯创新工作室"入选集团公司首批劳模和工匠创新工作室。数字化转型智能化发展工作在各单位加速铺开，"五大场景"试点建设完成进度达75%，寰球生产项目管理平台（HQPMP）三期、生产与经营综合管理集成等4个平台上线运行，大集中ERP建设顺利实施，信息孤岛、数据治理，以及信息化补强工作完成阶段性目标。

【质量安全环保】 2022年，寰球公司严格安全风险管控，推进质量提升，实现安全生产专项整治三年行动收官，全年未发生一般A级、一般B级及以上安全生产事故，C级事故同比下降87.5%。逐级签订质量安全环保责任书1252份、承诺书20259份；制修订《突发事件总体应急预案》等预案、制度8项；开展质量安全环保培训班、内审员线上培训班，累计822人接受教育。开展两次体系审核，整改问题1381项，对历次审核中的问题，开展"大讨论、大反思、促提升"活动，参与讨论12898人，反思查找问题877项，推动体系持续改进；组织开展"一季度设备设施""二季度临时用电""三季度起重吊装""四季度作业许可"专项活动，查改隐患3817项，查处违章行为1164项；加强"春节""冬奥""两会""十一""汛期"等特殊敏感时段升级管理，强化关键风险领域安全管控措施落实，开展升级审批7722次，检查721次，整改问题2304项。质量管理持续提升。发布寰球公司《2022年QC小组活动推进实施方案》，细化"优秀组织单位评比表"，39项QC小组成果获集团公司和行业协会嘉奖。研究制定新冠肺炎疫情常态化"两方案一预案"，持续推动新冠疫苗接种工作。

【人才强企】 2022年，寰球公司统筹"选育管用"和"生聚理用"，推动人才发展环境全面优化。制修订《专家管理办法》等4项管理规定，涵盖选聘、考核与管理具体工作，逐步理顺健全专家管理体系。实施"青年科技人才培养计划"，面向35岁以下优秀青年人才建立专业技术后备人才库。加强科技创新示范团队建设，以集团公司第二届创新大赛为载体，推动各单位申报生产创新大赛3项，科技创新大赛项目8项，青年科技创意大赛项目8项。推行任期制和契约化管理，覆盖率100%；加大年轻干部培养使用力度，优化干部队伍年龄结构，"75后"领导干部占比70%。高质量录用毕业生72名，68人为专业技术岗位，占比94%。共享内部培训资源，开展特色技术、优势技术培训，聚焦重点岗位人才接替，实现复合型人才的常态化、规模化储备培养。开展2022年新入职员工集中培训，开展基于员工职业生涯规划的新入职员工基础培养。创新培训组织模式。制定寰球公司《网络培训工作管理实施细则》，探索建立企业分院，加快培训数字化转型升级。

【企业党建工作】 2022年，寰球公司以党的政治建设为统领，持续将政治优势转化为发展优势，广泛开展"建功新时代、喜迎二十大"主题活动，以多种形式组织二十大精神学习宣讲，在寰球公司掀起"大学习、大宣传、大落实"热潮。严格执行"第一议题"制度，出台22条加强党的政治建设重点举措。高质量组织完成"强管理"主题教育活动，推动项目党工委管理制度化规范化，"一党委一品牌，一支部一特色"活动创建174个党建特色品牌。召开公司第二次党代会，明确今后五年指导思想和奋斗目标。举办"中国石油开放日"活动，文化凝聚力向心力持续增强。完成两轮政治巡察和联合监督，开展巡察"回头看"及专项巡察，实现党的建设和合规管理联合监督全覆盖，全面从严治党持续向纵深推进。深化作风建设，强化督查督办，全员执行力进一步增强。统战、工会等各项工作推进有序，青年精神素养提升工程得到集团公司团委肯定，群团组织发挥重要凝心聚力作用。

（杨　洁）

中国昆仑工程有限公司

【概况】 中国昆仑工程有限公司（简称昆仑工程公司，英文简称 CKCEC）前身为 1952 年成立的纺织工业部设计院。2000 年划归中央企业工委（后为国务院国资委）直接管理，2007 年重组进入中国石油，2009 年重组更名为中国昆仑工程公司，2016 年重组改制更名为中国昆仑工程有限公司，2020 年 8 月东北炼化工程有限公司划入。昆仑工程公司下设中国昆仑环境工程有限公司、上海德赛工程技术有限公司等 2 家全资子公司，沈阳、大连、辽阳、吉林、辽锦等 5 家分公司，江苏德赛化纤有限公司 1 家控股公司及中国纺织工业设计院 1 个托管企业。昆仑工程公司发展定位为打造国际一流环境工程及纺织化纤综合服务商。作为高新技术国有骨干企业，昆仑工程公司长期致力于环境工程、芳烃及其衍生物、纺织化纤及合成材料、特色炼油化工等领域的建设、创新与发展，承担各类大中型工程项目 4800 余项（其中国外工程 100 多项）业绩遍及全国及 30 多个国家地区，是集咨询、研发、设计、采购、施工管理、开车指导和工程监理、工程总承包、项目管理承包、技术服务、项目运营等多功能于一体的国际工程公司。

昆仑工程公司承担多项国家级、集团公司级、中油工程级科技攻关任务，在各主营业务领域取得专利 345 件（其中发明专利 147 件），获国家科学技术进步奖 7 项、国家及省部级各类奖励 650 余项；主参编国家及行业标准规范 74 项，其中国家标准 40 项。2022 年，昆仑工程公司取得工程设计综合甲级资质，且具有工程咨询专业甲级资质，工程咨询、工程勘察综合类和工程监理等甲级资质证书，环境影响评价、工程造价等专项设计甲级资质，以及特种设备（压力容器、压力管道）设计许可证书。

昆仑工程公司始终坚持"诚信、创新、服务、共赢"的经营理念，强化质量、安全、环保责任，信守品牌承诺，被评为国庆 60 周年勘察设计行业"十佳工程承包企业"，多次荣获中央企业先进集体、首都文明单位、全国工程勘察设计先进企业、全国工程建设管理先进单位、首批"AAA 级信用企业"、全国勘察设计百强企业等荣誉称号，自 2002 年起，连续获评北京市"高新技术企业"称号，享有较高社会知名度与良好信誉。

昆仑工程公司主要经营指标

亿元

指　标	2022年	2021年
签订合同额	68.46	61.1
营业收入	60.35	60.2
利润	1.11	0.92
实缴税费	1.78	0.75

昆仑工程公司拥有建立在 ISO 9001、ISO 14001、OHSAS 18001、NOSA 五星安全健康环境管理体系框架下，以 GB/T 19001—2000 标准为基础，融合 GB/T 24001—2004 标准、GB/T 28001—2001 标准、CMB 253—2004 管理标准要求，实现质量、环境、职业健康安全一体化管理"四标一体"的 QHSE 管理体系。通过 ISO 9001 质量管理体系、ISO 14001 环境管理体系、ISO 45001 职业健康安全和 Q/SY 1002.1 健康安全环境管理体系认证，享有国家授予的对外经营权。

2022年底，在职职工 2060 人。其中：专业技术人员 1275 人，全国工程勘察设计大师 1 人，全国行业设计大师 5 人，正高级职称 31 人，副高级职称 777 人，具有各种国家执业注册资格 610 人。

2022年，昆仑工程公司连续 5 年获评集团公司业绩考核 A 级企业。

【绿色低碳和新材料科创中心成立】 2022年，昆仑工程公司为响应集团公司双新业务发展新要求，成立绿色低碳和新材料科创中心（简称科创中心）。科创中心为昆仑工程公司直属机构，主要负责科技战略规划、重大科研项目攻关、科研项目业务指导和技术支持等工作。

【工程建设】 2022年，昆仑工程公司开展各类工程项目 533 个，其中承包项目 97 个、设计项目 356 个、咨询等前期项目 569 个。

集团公司内部工程建设。环境工程方面：广东石化污水处理场、污泥及固废焚烧、废碱氧化装置生化单元项目及大庆石化热电厂循环流化床锅炉烟气超低排改造项目中交。芳烃及衍生物工程方面：广东石化芳烃联合装置项目中交，辽阳石化年产 2 万吨 CHDM 工业试验项目开车成功。特色炼油化工业务方面：吉化（揭阳）分公司 60 万吨 / 年 ABS 项目、四川石化轻汽油醚化项目中交，开展抚顺石化分公司发挥资源优势增产油蜡特色产品改造工程项目、广西石化炼化一体化转型升级 200 万吨 / 年柴油吸附分离装置、管廊、罐区及污水等设计项目。新材料方面：开展锦州石化公司 100 万吨 / 年延迟焦化装置改造为针状焦装置项目。

集团公司外部工程建设。环境工程方面：桐昆集团锅炉超低排放节能改造项目、天安电池中水回用项目开车成功，万华化学废水处理及综合利用、舟山绿色石化基地污水处理厂项目完工。合成材料工程方面：新疆维格瑞、新拓XCP-1/2、海南逸盛四期、恒超二期等37个聚酯工程承包项目开工建设。其中，嘉通能源聚酯CP1-4、新拓短纤维、国望一期超仿真等7个项目一次投料开车成功。

【市场开发】 2022年，昆仑工程公司先后发布《市场开发管理办法》《投标报价管理办法》，完善市场开发管理制度，加强客户关系管理。昆仑工程公司始终坚持把市场开发作为稳增长主战场，市场结构和业务结构持续优化，系统外市场份额扩大至75%、同比增长80%；高端业务拓量增效，勘察设计类合同额同比增长100%。海外业务表现强劲，新签合同额7.2亿元、同比增长290%。"双新"版图加速扩张，新签占比19%，同比大幅增长323%。大客户大项目屡有突破，签约1亿元以上项目15个。

环境业务方面：签约大庆石化污泥焚烧、四川石化VOCs、云天化污水处理等项目，中标吉林石化、广西石化、烟台万华等污水项目基础设计，以及多个安全环保会诊评估项目。芳烃业务方面：油品分质利用技术签约吉林石化、广西石化、福海创等多套柴油吸附分离装置工艺包和基础设计，实现集团公司内部首次应用及百万吨级应用，总产能突破600万吨/年。中标延长榆能化项目，实现柴油吸附分离EPC项目零的突破。签约内蒙古伊泰α-烯烃分离提纯项目，实现煤化工领域全球首次应用。

新能源新材料方面：签约新疆广汇、新疆敦华等CCUS项目，恒力光伏、元垄多功能膜等膜级聚酯项目，签约河南盛通聚源PC二期项目，开展兰州石化、四川石化等油系针状焦项目前期工作以及洛阳宏联针状焦项目详细设计。签约吉林石化碳纤维可研，中标国能新材料PBS、山东裕龙等项目可研。

合成材料业务方面：签约大连恒力、新疆维格瑞等一批聚酯项目。

特色炼化业务方面：中标广西石化综合管廊及储运罐区基础设计。签约抚顺石化油蜡特色产品改造、抚顺石化氢气优化运行、四川石化炼油区供电安全隐患治理以及大庆炼化液蜡轻重分离等项目。

海外业务方面：签约越南百宏、印度萨纳塔等多套聚酯项目。

【科技创新】 2022年，昆仑工程公司坚持创新驱动、技术立企，坚持抓好重大科技专项推进实施、着力关键核心技术突破攻关、加快科技成果转化应用，集团公司"低碳二期重大专项"等4项课题通过验收、自主创新技术成功破解

CHDM供应"卡脖子"难题、油品分质利用技术累计实现许可7项。年度新增授权专利14件，其中发明专利9件，新增技术秘密53项。获集团公司科技成果创效奖励2项、专利银奖1项，获纺织行业优秀专利奖1项，"对二甲苯氧化结晶装置"专利被集团公司推选参评中国专利奖。

【质量健康安全环保】 2022年，昆仑工程公司质量安全环保工作全面受控，通过中油工程2次QHSE体系审核，21名提拔及变动岗位中层干部通过安全环保履职能力评估。质量方面，组织设计成品文件质量评定、设计采购质量检查等活动，对设计、采购环节进行质量监督管理。实现工程设计项目成品文件Ⅰ类错误为零，合格率100%，总承包项目实施过程中未发生重大工程质量事故，已投产项目的投料试车成功率100%。健康方面，坚持以员工生命安全为核心，将"以人为本"管理理念作为工作的灵魂主线。昆仑工程公司本部、所属分公司及子公司已消除所有职业病接害因素，无职业病风险。根据员工年龄、岗位等情况，有针对性、差异化开展年度健康体检工作。安全方面，组织修订、编制并发布《消防安全管理办法》《道路交通安全管理办法》《工程建设承包商管理办法》等7项规章制度。完成804万安全工时。环保方面，建立昆仑工程公司党委生态环境保护议事制度，压实环境保护责任。各类污染物100%实现达标处置，温室气体排放保持稳定。完成节能量大于50吨标准煤、节水量大于750立方米的目标。

【企业党建工作】 2022年，昆仑工程公司坚持把政治建设摆在首位，严格落实第一议题制度，坚定拥护"两个确立"，坚决做到"两个维护"。紧扣学习宣传贯彻党的二十大精神这条主线，结合昆仑工程公司成立70周年，深入开展"转勇强创"等主题宣传教育，持续加强思想政治工作，切实抓好舆论引导。成立党的建设领导小组，完善基层党建工作"述评考用"机制。开展"党员示范岗""党员突击队"等创建活动，推动基层党建与生产经营互融互促。抓实作风建设，完成巡察全覆盖，开展"反围猎、违规吃喝"专项整治，一体推进不敢腐、不能腐、不想腐，积极构筑"三道防线"。

（赵汉生 关金龙）

中国石油集团工程有限公司北京项目管理分公司

【概况】 中国石油集团工程有限公司北京项目管理分公司（英文缩写CPMC，简称北京项目管理公司）是根据集团公司推进油气工程建设项目管理专业化战略发展要求，在2016年9月，整合中国石油工程建设板块所属企业范围内的工程监理与项目管理业务注册成立的专业化项目管理公司，注册地设在北京。2018年，集团公司工程建设业务持续重组整合，将原中国寰球工程有限公司所属的兰州寰球工程有限公司、原中国石油天然气管道局所属的中国石油管道局工程有限公司天津分公司划归北京项目管理公司，提升了北京项目管理公司在全过程工程咨询的管理能力。2021年，中油工程公司持续推动内部工程建设业务重组整合，将原西南分公司所属的四川佳诚公司和原寰球工程公司所属的吉林亚新公司整建制划入北京项目管理公司。

北京项目管理公司定位于服务支持集团公司国内外油气核心业务发展，打造具有国际竞争力的工程项目管理服务商。2022年底有7个职能部门和1个直属机构，下属5家项目管理单位、2家设计单位、1家检测单位。自有用工1806人，业务范围涵盖石油化工上中下游各领域，辐射全球23个国家和地区，曾先后参与完成集团公司上中下游各业务领域所有重点工程建设的项目管理。2022年，北京项目管理公司重点开展工程咨询、工程设计、项目管理、设计及施工监理、设备监造、安全及环境监理、项目竣工验收、检验检测和后评价等业务。

2022年底，北京项目管理公司拥有国家专利46项、专有技术54项，参编国家标准13项，主编行业标准、集团公司企标120余项，获科技成果奖326项，获优质工程奖378项。具有工程监理综合资质、石油化工咨询甲级资质、化工石化医药设计甲级资质、A级特种设备检验检测等资质，拥有地下储气库地面工艺技术、海洋油气陆上终端技术、合成橡胶技术等十大特色技术。具备工程建设项目全过程项目管理能力。

北京项目管理公司主要经营指标

亿元

指　　标	2022年	2021年
签订合同额	24.7	19.3
收　入	24	18.67
利　润	0.35	0.31

2022年，北京项目管理公司全面完成集团公司下达的年度业绩合同指标。新签合同额24.7亿元，同比增长28%，创历史新高；营业收入24亿元，同比增长28%；净利润3046万元，同比增长13%，创北京项目管理公司重组以来最好水平。

【市场开发】 2022年，北京项目管理公司全年累计新签合同额24.7亿元，系统外占比保持40%以上；高端高效业务占比41%，同比增长73%；新能源、新材料业务占比22%，同比增长462%。系统内参与了集团公司所有重点大型工程建设项目，累计为集团公司内部55家地区公司提供"项目管理+设计服务"，持续稳固了油气田地面和炼油化工两个内部传统规模市场。全年新增战略合作伙伴3个，国际石油公司（IOC）客户1个，千万级项目首次突破60个，中标广西北海、中交营口LNG和浙江石化二期等一批重大项目，在LNG、社会炼化等领域上形成多个亿元以上的规模市场。成功承揽了西气东输三线中段、西气东输四线（吐鲁番—中卫）等重大项目，保持了在国家管网集团干线管道80%以上的市场份额。中标了乌干达翠鸟油田地面PMC、埃克森美孚惠州化工综合体PMC，以及土库曼斯坦B区地面技术服务等项目，实现新兴市场和海外市场的新突破。

【服务保障】 2022年，北京项目管理公司着力提升全过程项目管理质量，编制公司中英文项目管理体系文件1.0版，形成413项标准化管理文件，涵盖勘察设计、EPC、项目管理（监理）和无损检测等所有主营业务；发布《施工监理严格监管基准四十条》和《项目质量安全停工管理标准》，明确监理底线，规范监理行为，促进项目管理规范化、标准化。统筹推进全过程数字化项目管理平台前期策划，升级完善项目管理信息系统和生产运行管理平台，优化"监督管理控制中心"等多项功能，提升了项目管理智能化水平。2022年，北京项目管理公司克服工期紧、任务重、条件艰苦等诸多困难，完成集团公司史上最大的炼化工程——广东石化项目管理任务，确保项目按期高质量顺利中交试车投产；推进尼日尔油田地面二期、尼贝管道等海外重点项目建设，确保项目按期平稳运行；服务保障集团公司新能源新业务发展，吐哈油田源网荷储一体化项目、兰州丁腈橡胶等项目顺利投产。获国家级优秀项目管理和质量管理成果奖4项。

【质量安全】 2022年，北京项目管理公司着力推动安全生产措施的贯彻执行，开展安全生产大检查，全年排查安全隐患2065项，辨识风险1166项，采取有效措施予以消除；完善管理制度15项，完善全员岗位安全责任清单5469份；升级敏感时段安全管理，组织制定升级管控措施，完成323个在运行项目升级审批13851次，开展升级检查4367次，发现和督促整改问题6873个；按照"一体化、差异化、精准化"要求，高标准完成了上半年体系内审和下半年集团公司体系审核工作，形成并分享79个典型做法、85个典型HSE问题分析、51个典型质量问题分析，以及125项改进措施建议。全面开展员工差异化体检，系统推进健康风险评估，健康企业建设取得初步成效。科学精准抓实新冠肺炎疫情防控，推进全员疫苗接种，建立快速反应机制，迅速处置零散疫情事件，保持生产经营正常秩序。

【科技创新】 2022年，北京项目管理公司按照统一部署、统一组织、分工负责、全面推进的组织原则，进一步优化了科技管理体系，完善"科技领导小组＋科学技术委员会"的组织架构，制修订《科技项目经费预算编制指南》等5项管理制度。深化科技发展战略研究，系统谋划"十四五"科技创新发展思路与目标，部署13个重点专业领域、49项研究内容。推进各层级重大课题立项研究、专利申报等工作，全年申报发明专利3项，获授权发明专利1项，实用新型专利8项，主编/参编集团公司等各类标准17项，获软件著作权6项，获省部级科技奖励3项。制定《公司管理创新实施细则》《公司管理创新成果总结与申报指引》，组织对北京项目管理公司成立以来形成的管理创新成果总结评定，评选出24项管理创新成果。所属单位兰州公司依托其研发的特种丁腈成套技术，建设了国内第一套具有自主知识产权的工业化特种丁腈橡胶生产装置，该装置产出的产品填补了国内4个系列26个牌号的产品空白。所属单位兴油公司深挖建设单位数字化需求，先后执行了尼日尔二期数字化交付研究等14个项目，形成数字化服务合同约1200万元。

【人才强企】 2022年，北京项目管理公司推进人才强企工程，开展"人才强企工程推进年"活动，"三定"（定编、定岗、定员）、任期制和契约化管理等完成年度改革任务，管理人员考核退出、双序列和工资总额分配制度改革取得阶段性成果。印发《公司2022年培训计划》，精准设计课程，精心遴选师资，严把培训内容政治关、质量关，切实提高培训的针对性和有效性。建设完成以"实时交互＋在线录播"为导向的数字化培训教室，借助"云学堂"平台，通过"线上＋线下"相结合的方式，举办中层管理人员和优秀年轻干部赋能、国际化能力、项目经理训练营等自办培训项目22期。优化青年人才队伍建设，2人入选"集团公司青年科技人才培养计划"，统筹选配公司技术专家和技术管理干部担任"培养人选"导师，以工程思维推动集团公司"青年科技人才培养计划"落地实施。

【依法合规治企】 2022年，北京项目管理公司贯彻落实集团公司领导干部会议精神，设立合规委员会，构建覆盖全面的合规管理组织构架，压紧压实依法治企责任。编制加快建设世界一流法治企业实施方案，统筹推进"合规管理强化年"活动，开展7个领域专项整治。完善制度管理体系，与上位制度开展对标分析，内部查缺补漏，消除管理盲点，新增公司层面重点领域管理制度31项，指导各单位制定合规基础管理制度123项，初步形成以合规管理办法和风险防范制度为基础,以专项制度和合规指引为延展的合规管理体系文件。全面开展项目合同关闭、清收结算和重大经营风险专项治理活动,全年重点项目清收结算 5 亿元,完工项目合同关闭 38 项,回收清欠 668 万元。开展不稳定因素排查,组织开展民企清欠及农民工工资支付自查,全面确保了无分歧账款零拖欠,维护大局和谐稳定。举办依法合规专项培训,组织参加集团公司"八五"普法学习班等合规培训,全年全员参培率 100%,干部员工依法合规管理意识和能力不断提升。

【企业党建工作】 2022 年,北京项目管理公司突出政治引领,党建工作获评集团公司 A 级。坚持"第一议题"制度,深入学习贯彻习近平总书记最新重要讲话和重要指示批示精神,组织开展习近平总书记重要指示批示精神再学习再落实再提升主题活动。制定《基层党建融合巩固实施方案》,分 3 个阶段安排部署 14 项重点工作。全面开展党支部委员联系班组,党员联系生产经营岗位和"学习型、安全型、清洁型、节约型、和谐型班组"创建等 10 项重点工作,划分党员责任区 49 个、成立党员突击队 42 个、设立党员先锋岗 91 个。所属单位兴油公司中俄东线长江盾构监理部用"五心"打造"五型"质量信得过班组,被集团公司授予 2022 年度"质量信得过班组"称号。

(张孝鹏　金雪平)

装备制造企业

中国石油技术开发有限公司

【概况】 中国石油技术开发有限公司（英文缩写 CPTDC，简称中油技开）成立于 1987 年 7 月，是集团公司海外项目物资装备的供应主体，是集团公司在海外业务覆盖区域最广的国际能源装备业务的综合服务商。2022 年，中油技开有中方员工 524 人，外籍员工 1016 人，在 39 个国家和地区建立了 50 个境外机构，覆盖了 1000 万吨以上产油国的 90% 多，业务范围拓展至全球 97 个国家和地区。在中亚—俄罗斯、非洲、美洲、中东、亚太等地区形成了稳定的规模市场，客户规模发展到 2300 多个，与 200 多个国家石油公司、知名服务公司和跨国石油公司建立了合作关系。自成立以来，累计签约超 410 亿美元，营业收入 2370 多亿元，人均累计创收超 2 亿元，获"全国五一劳动奖状"等多项荣誉。

中油技开本部设有综合管理部（党委办公室）、人力资源部（党委组织部）、党群工作部（党委宣传部）、纪委办公室（审计部）、财务部、战略发展和市场营销部、法律和企改部、质量健康安全环保部、技术和信息部 9 个职能部门；设有装备事业部、石化事业部、工业和民品事业部、中亚—俄罗斯分公司、亚太分公司、非洲分公司、美欧分公司、中东分公司、物流分公司、海洋工程项目部 10 个所属单位。

【生产经营指标】 2022 年，中油技开签约 12.2 亿美元，营业收入 70 亿元，净利润 0.75 亿元，自由现金流 0.78 亿元，主要经营指标均超额完成集团公司考核要求。全年 HSSE 平稳运行，未发生安全责任事故。

【深化改革】 2022 年，中油技开新一届领导班子坚持问题导向，认真分析研判，打出了一套厘清发展定位、明确战略方向、调整组织结构、优化业务机制、强健人才队伍的深化改革"组合拳"，为中油技开发展新征程举旗定向。明确发展定位和战略方向。以主动融入"双循环"新发展格局为总方针，坚持贸易立企、贸易兴企，明确了建设成为世界一流能源装备与能源产品综合服务商的发展定位，确定"依法合规、稳中求进、客户至上、合作共赢"的经营理念，推进中油技开发展"双转"战略：实现"两个转变"，对照新发展定位转变思想观念、转变发展方式；实现"两个转型"，推进市场区域的全球范围转型、推进业务领域的全面多元转型。调整组织结构和运行机制。搭建"横向切块＋纵向分层"的矩阵式组织结构，成立 3 个事业部，构建形成"专业化管理＋区域化经营""事业部主导＋地区分公司主体"的业务运行机制，突出事业部作为"链长"的业务主导地位，试点开展国外＋国内市场营销"双中心"建设，释放地区分公司全球综合一体化经营主体力量。推进"大部制"改革，开展机关部门"三定"工作，明确"管理、监督、协调、服务"职责，撤销直属机构，精简机关部门和人员，二级机构数量压减 10%，中层干部职数压减 11%，机关部门人数压减 15%，全面完成集团公司下达的任务目标。强健人才队伍。推进人才强企，加强干部选拔使用和配置交流，提拔中层干部 9 名，交流调整中层干部 24 名。把优秀年轻干部优先纳入干部年度调整配备计划，新提拔"80 后"年轻干部 6 名，占新提职干部总数的 67%。出台专业技术序列改革制度 2 项，选聘 2 名市场营销首席专家，聘任 27 名公司两级市场营销专家。选聘 24 名境外机构负责人，配备 27 名境外机构副职，首次探索以"揭榜挂帅"形式推动 5 家境外机构实行任期契约化经营试点改革，集中开展 2 批资深高级主管竞争上岗，海内外干部员工队伍得到充实和加强。

【市场开发】 2022 年，中油技开装备事业部、石化事业部、工业和民品事业部突出业务主导地位，做好全球市场、重点产品和资源建设规划，地区分公司发挥经营主体作用，拓市场、拿订单、保执行，事业部与地区分公司深度融合、同向发力，取得全球市场开发进攻战的斐然战绩。市场业绩开创新局面。全年市场签约达近 4 年来最好水平，装备业务签约近 9 亿美元，发挥了基本盘稳大局、保规模的重要作用。石化业务签约 1.77 亿美元，签约、收入和利润均超过 2021 年两倍以上，全面打赢了倍增突击攻坚战。工业和民品业务签约近 6000 万美元，实现快速起步发展。非洲分公司、中亚—俄罗斯分公司、中东分公司、亚太分公司 4 家所属单位签约过亿美元，伊拉克分公司、南苏丹分公司、乍得分公司、阿克纠宾石油机械有限公司、尼日尔子公司、阿克纠宾石油机械联合公司、新加坡华星公司 7 家境外机构签约超过 5000 万美元。做好服务保障。中油技开主要领导牵头，深化各层级与中油国际公司、海外上中下游项目公司的服务合作，全年为海外重点项目提供 7.9 亿美元的综合一体化服务保障，同比增长 22%。尼贝管道项目部顾大局保供应，顶住巨大资金压力和众多外部阻力，确保项目管材全部按期发运，争取到概算内全额补偿，为集团公司海外重大项目提供了保障。电泵服务业务继续保持竞争优势，非洲分公司在乍得、尼日尔电泵市场长年保持 100% 占有率，中东分公司在伊拉克电泵市场份额持续提升，美欧分公司在厄瓜多尔电泵市场创效能力持续增强。中亚—俄罗斯分公司提前高效完成阿姆河项目油管交付，保障甲方天然气增储上产和冬季保供。美欧分公司成功签约加拿大天然气中资项目，实现加拿大市场的历史突破。以中油技开从事出口业务三十周年为契机，向 44 家供应商赠送合作伙伴牌匾，进一步加强与系统内供应商的战略合作。"双转"战略取得新成效。推进市场区域的全球范围转型，全年与 23 个国家、地区的 57 家新客户签约 1.69 亿美元，新客户签约同比增长 282%，其中国内市场签约 1.24 亿美元，同比增长 47%，和 13 个新客户签约 4800 多万美元。中东分公司推进"双中心"建设，签约额较 2021 年实现倍增，为"大中东"发展打下基础。推进业务领域的全面多元转型，进口、转口和内贸业务多点开花，"产品+服务"、大宗商品、石化和工业民品等业务领域多元化发展。亚太分公司签约 SPC 油罐检维修项目，推动"产品+服务"业务向当地工程服务领域延伸。原石化分公司签约巴西化肥项目，非洲分公司签约埃塞俄比亚尿素项目，亚太分公司签约昆仑能源 LPG、新加坡燃料油项目，促进中油技开大宗贸易规模发展。原石化分公司签约重整催化剂项目，中东分公司签约平行进口车项目，持续开发石化和工业民品高货值产品。重点项目取得新进展。中亚—俄罗斯分公司按照"225 专班"的工作部署，抓好俄罗斯系列项目的投标报价、排产发运、收汇结算等工作，确保项目有序推进，实现量效双增。阿克纠宾石油机械联合公司应对政局动荡、坚戈贬值、人工成本增长等不利因素，强化内部管理，提升服务能力，确保甲方油气生产计划顺利执行。非洲分公司精心组织坦桑尼亚天然气增压改造项目，提前 23 天竣工交付，实现独立承揽和运作大型装备配套项目的新突破。全力保障乍得电站改扩建项目，中油技开领导亲自指挥督导，增派大批业务骨干到一线执行项目，力保按期完成项目建设。物流分公司发挥专业优势，在优化重大项目物流方案，争取亚欧专线份额，规避关务风险等方面取得实效。

【企业管理】 2022 年，中油技开切实强化依法合规治企，开展提质增效行动，夯实管理基础，积极应对环境变化和各类风险挑战。法治建设持续加强。深入贯彻落实集团公司合规管理强化年各项要求，中油技开党委全年专题研究 7 次法治建设相关工作，召开公司法治工作会，明确"四不签"经营风险防控底线红线。组织开展合规专题培训，干部员工参加集团公司系列培训、考试通过率均达 100%，强化全员依法治企、合规经营理念，不断夯实公司法治建设基础，中油技开依法治企的能力进一步增强。在集团公司法治建设检查评审中，取得全集团公司第四名的好成绩，获评集团公司 38 家"法治建设示范企业"创建单位之一。提质增效取得显著成效。推动落实 16 项具体行动措施，实施低成本发展战略，大幅压缩办事处经费和五项费用，控本降费超 2000 万元，通过资金运作提升收益超 800 万元，解决多个历史疑难"两金"项目，压降"两金"原值 14 亿元。依法依规使用金融工具对冲汇率风险，及时抓住窗口期办理锁汇结汇，确保项目保值增效。打响现金流攻坚战，"设定收汇目标＋重点收汇督办"促流入，"红绿灯管控＋设支付限额"控流出，收支同步发力，超额完成考核指标。开展"一企一策"扭亏治理，完成 3 家境外机构注销流程，法人压减、控亏减亏等控制类指标全面完成。海工平台处置取得突破性进展。在集团公司党组的亲切关怀和大力支持下，在集团公司有关部门的协调帮助下，海工项目部与财务部、物流分公司等单位推进 4 套海工平台划转工作，年底前签署了平台转让协议，高效完成 4 套平台的缴税进口，实现 4 套海工平台账面转让中国石油集团海洋工程有限公司的阶段目标。海工平台划转实现了集团公司整体利益最大化，解决了中油技开多年来的经营难题，对优化中油技开资产结构，聚焦主业经营具有重要意义。管理基础持续夯实。制修订 25 项制度，充实完善中油技开经营管理的制度体系。开发智赢系统与集团财务共享平台集成功能，实现信息实时共享。着力提升政务管理效率，下大力气控制发文数量，发文总量同比减少 17%，下行发文发函数量同比减少 50%。实施双周例会制、无会日等措施，公司级会议数量同比减少 48%。进一步优化会议流程、缩短会议时间，印发公司决策流程提示卡，规范决策议题提报流程，提高决策效率。质量健康安全环保形势稳中向好。持续加强安全管理，组织开展 HSSE 大检查，定期对重点办公场所、境外机构和项目开展全覆盖专项检查和视频巡检。全面加强 HSSE 培训，组织 167 人参加关键岗位培训班，人员覆盖中油技开领导、中层干部和境外常驻人员。加强质量管理水平，推进"三体系"外部审核全部取得国际知名机构认证，确保安全生产零事故、环境保护和质量控制零事件。突出员工健康管理，优化体检套餐、升级健康小屋、推进心理评估。履行防疫主体责任，落实防控措施，加强线下会议、员工用餐、办公环境的防疫管理和服务保障，动态储备应急药品和防疫物资，确保员工的生命安全和身体健康。

【企业党建工作】 2022 年，中油技开党委坚决贯彻党中央和集团公司党组的决策部署，深入落实全面从严治党主体责任。迅速掀起学习党的二十大精神热潮。坚持将学习宣传贯彻党的二十大精神作为首要政治任务，以"一体统筹、两级联学"为思路，研究制定专题学习宣传方案。多形式分层次全覆盖开展学习宣讲，召开学习贯彻党的二十大精神宣讲报告会，领导班子成员深入所在支部、联系支部和分管单位广泛宣讲二十大精神，各级党组织开展 50 余次学习研讨，掀起"全面学习、全面把握、全面落实"的学习高潮。始终把政治建设摆在首位。坚决贯彻落实党中央和集团公司党组重要决策部署，深刻领悟"两个确立"的决定性意义，增强"四个意识"、坚定"四个自信"、做到"两个维护"。严格落实"第一议题"制度和党委理论学习中心组学习机制，全年党委集中学习习近平总书记重要讲话、重要指示批示精神和重要论述等内容53次，切实以习近平新时代中国特色社会主义思想指导市场经营的各项工作。持续夯实基层党建基础。加强"三基本"建设与"三基"工作有机融合，落实基层党组织任期制，扎实做好18个基层党支部换届选举工作，深化基层党建矩阵式管理模式，对标"四个条例"完成好党建规定动作，保持海内外党组织健全率、按期换届率、党员受教育率"三个100%"和空白班组"清零"目标。高质量完成年度基层党支部考核，研究制定支部委员"四支队伍"考核办法。对26个党员示范岗、14个党员突击队开展专项评述、回头看和重点宣传，推动"两个作用"有效发挥。持续推进党风廉政建设。精准开展政治监督，编制印发"一把手"监督手册、政治生态"八看清单"，"关键少数"廉洁用权、秉公用权意识不断增强。持续加强日常监督和境外监督，数字化赋能、联合监督促效、境外差异化监督同频发力，营造风清气正的政治生态。强化执纪审查，全年线索核查了结率提升40%。开展"反围猎"、违规吃喝、境外腐败等专项治理，推进完善供应商管理机制6项，佣金管理机制4项。开展专项巡察回头看，全面推进问题整改，完成5年巡察规划。丰富完善中油技开企业文化。以喜迎党的二十大和中油技开从事出口业务三十周年为契机，围绕市场营销开展企业文化系列活动，增加员工队伍的凝聚力和向心力。传承大庆精神铁人精神，梳理提炼"讲政治、讲学习、讲团结、讲服务、讲担当"的"五讲"企业文化，讲好中油技开"百人百事"，加大先进典型宣传力度，助力引领公司转型发展。实施青年兴企"四大专项工程"，成立9个青年工作站，开通"技开青年"社媒公众号，树立"技开青年"良好形象，凝聚奋进高质量发展的青春力量。打造"有温度"的企业，做好对员工的日常关心关爱，加强对家庭困难员工、离退休人员和海外员工家属的走访慰问，全年开展慰问300余人次，在新冠肺炎病毒感染暴发阶段，确保药品和防疫物资第一时间发放到位，让关怀和温暖覆盖每一户员工家庭。

（刘　霞）

中国石油集团渤海石油装备制造有限公司

【概况】　中国石油集团渤海石油装备制造有限公司（简称渤海装备）是集团公司所属全资子公司。2008年4月3日由华北油田、大港油田、中油物装的装备制造企业重组成立，2010年、2012年整合兰州石化、辽河油田的装备制造业务。渤海装备注册在天津滨海新区，依托"一带一路"、京津冀协同发展、长江经济带国家战略，合理规划布局，服务市场需求。

2022年，渤海装备全力推动公司"高质量发展攻坚年"的部署落实和目标实现，生产经营呈现良好发展态势，高质量发展开创新局面，创造超越预期、跨越历史的骄人业绩，扭转2012年以来持续亏损的被动局面，主要指标同比均实现两位数以上的增长，并为未来几年发展打下坚实而又可持续的经营基础。

【市场开发】 2022年，渤海装备内外市场并举，多向发力，签约、收入、回款三项市场指标超额完成，有力支撑年度目标任务完成，牢牢掌握发展主动权。服务保障集团公司内部市场。总计签约62.1亿元，同比增长19.4%。精准聚焦客户需求，加强集采工作统筹，19项产品参加集采招标全部入围，中标率同比提高22%；油套管优分量、抢增量，获取工作量42.7万吨，井口、隔热管、钻机改造、钻杆租赁等实现有效提升。巩固拓展集团公司外部市场。签约91.8亿元，同比增长17.6%，占比达60%。在国家管网集团年度框架招标中取得优异成绩，市场占有率超过40%，获64.6万吨优质钢管订单；国际市场在东南亚、非洲、中东及北美地区实现新突破，总计获取工作量4.4亿元，同比提升33.8%。服务转型取得新突破，实现收入21.24亿元，同比增长30.8%，收入占比达15.3%，超额完成集团公司考核目标。五大业务围绕用户需求深化服务转型，实现新发展，采油装备注采修一体化服务、拓展成效突出，支撑企业扭亏为盈。

【生产保供】 2022年，渤海装备聚焦集团公司"增储上产"物资装备和国家能源管道建设需求，统筹"产供销储运"，优化生产组织，高效配置资源，实现保供能力和保供水平迈上新台阶，全年完成产值144亿元，同比增长22.75%，获集团公司生产经营先进单位称号。产品产量稳中有增，保障主业发展与重点管道建设。18种主要产品产量全部实现增长，6种创历史纪录，"输送管＋油套管"产量达141万吨、同比增长4.3%，为国家管网集团供应钢管64万吨，支撑国脉工程建设；坚持以销定产，实施大排产，高质量保供专用管31万吨、钻杆2.7万吨、螺杆钻具2233套、抽油机935台套、抽油杆508万米、抽油泵2万台、潜油电泵776台，改造钻机15部，有力支撑油气主业勘探开发。围绕保供质量和能力的综合提升，精益生产管理与项目建设实现新进展。实施11个生产线精益改造提升项目，电泵项目达到主体投产条件，具备国内领先水平；中小口径直缝焊管项目抢抓市场机遇，完成批复并启动建设；抽油泵项目按照国内领先标准，推动改造提升，完成可研编制。光伏发电全面启动，青县园区和福建基地光伏项目投产运行，实现并网装机容量12兆瓦。突出重点，优化生产全过程成本管控取得新成效。对物采、协作、运输等重大成本实施全过程精益管控，提质增效6.69亿元，其中物采降本5.93亿元、物流运输降本4928万元、外协降本2720万元。

【经营管理】 2022年，渤海装备落实集团公司"四精"理念、低成本发展战略举措，全方位抓好推动落实，实现提质增效15亿元，产品综合毛利率同比提升0.79个百分点。深化改革降控非经营费用取得成效。主动作为，自我加压，对非经营费用实施"两分一合"管控机制，非经营费用同比降低7225万元，降控第三方用工费用1806万元；创新管理，及时优化调整中成装备公司，实现改革创效，降费50%。治亏与降"存量"专项攻坚取得阶段性成效。实施"一企一策"推进亏损企业治理，亏损面和亏损额实现双下降；建立压控测算模型，实行清单销项管理，在保供集中、收入大增情况下，完成"两金"压降任务；深化资产分类管理，盘活冗资，处理不良存货2.3亿元，清收历史欠款11.6亿元，任丘南院和辽滨基地土地达成政府收储目标。资金运行管理取得新成效。严格以收定支，科学筹划调配，有效保障生产经营运行，实现自由现金流1.16亿元，连续4年为正，贷款全部还清，获增值税留抵退税3.96亿元。

【科技质量】 2022年，渤海装备落实科技自立自强要求，研发投入8106万元，同比增长69，投入强度0.58%，超额完成集团公司下达指标，集团公司"钻具及一体化应用技术研发中心"在渤海装备挂牌成立，实施60项科技项目，计划进度完成率95%，攻克一批装备制造技术瓶颈，解决不少油气勘探开发生产现场技术难题。科技研发与应用取得一批重要成果。形成新技术新产品23项，13项科技成果通过省部级鉴定，4项产品15个规格通过集团公司自主创新重要产品认定评审，6项产品列入集团公司重大技术装备首台套目录。重点推广应用35项新技术新产品，创收7.55亿元。申请并获受理专利60件（发明专利占比96%），认定技术秘密6项，开展制修订标准21项。产品质量稳中有升。深化质量体系运行和精品打造，严格质量责任追究，开展"强基础、控风险、大检查"质量专项活动，开展产品质量检视活动，各项质量指标均高于计划指标，保持API、3C、特种设备制造许可证书等持续有效，获全国质量信得过班组2个、集团公司QC成果一等奖1项、天津市优秀QC成果奖9项，科技质量降本1452万元。数字信息化建设水平持续提升。实施管件厂MES系统、专用管数字化螺纹检测系统、电泵远程监控系统智能提升等5项信息化建设项目，推进生产经营现场信息化数字化水平持续提升，巨龙钢管公司获工信部智能制造示范工厂称号。

【改革创新】 2022年，渤海装备持续深化改革创新和企业治理，合规能力和发展动力不断增强。企业法治合规建设得到强化提升。深入学习贯彻习近平法治思想，全面落实领导人员法治建设职责和法治考试，强化以案促改，加强全员法治教育培训，法治意识、法治能力得到全面提升。认真落实集团公司加强合规管理系列部署和要求，深化合规问题整改，制定方案，完善制度，全面修订《合同管理办法》，合规管理进一步改进提升。国企改革双百行动与对标管理提升任务收官。公司60项改革具体任务全部提前完成，对照标准，优化整改，补短提长，对标管理提升行动任务推进进度和成果完成率均达到100%。强化价值型股权管理，完成4家合资企业的股权调整，平稳有序推进卡麦龙阀门公司、华油—机油井管公司股权变更。绩效考核和人才改革更加精准。实施净利润贡献奖励、销售奖金提成激励等个性化考核机制，进一步迸发企业内生动力，全员劳动生产率同比提升24%。实施专业技术岗位序列改革，选聘新一期企业高级专家10人、一级工程师15人；新选聘4名集团公司技能专家，高质量承办集团公司首届数控车工技能竞赛并取得优异成绩。积极寻求契合点，加快绿色低碳装备产业发展迈出坚实步伐。新能源业务收入6953万元。地热潜油电泵机组在现场得到良好应用，绿电储能锅炉在油田生产现场得到规模化应用。掺氢输送用管获批量订单，纯氢长输关键技术研究和应用在河北省科研立项。

【安全环保】 2022年，渤海装备安全、环保、新冠肺炎疫情防控工作整体平稳运行，全面完成集团公司下达的安全环保与节能减排指标，实现挖潜节能量305吨标煤，挖潜节水量2482立方米，安全环保基础夯实工作迈入新进程。上下结合，进一步抓实安全环保风险防控和隐患治理。年度识别安全危害因素9612项、职业健康危害因素512项、环境危害因素1013项，制定下发各类安全环保风险提示1329次。落实国务院和集团公司15条措施，实施"学备考用"专项活动，开展"三个一画像"，基层现场实现检查全覆盖，整改安全问题隐患3127项。深化环保治理，14个污水排放口达标排放，重点地块土壤和地下水污染风险全面受控。强化责任落实，进一步深化体系运行和员工培训考核。上下半年各开展一次内审，突出个性化，审核发现整改问题679项，圆满通过外审；组织各类安全培训13000人次，员工安全意识和技能得到加强提升。强化安全环保工作日常督查考核，狠抓全员安全生产记分，记分处理70人。坚持属地政策，从严抓实新冠肺炎疫情防控。坚持每周召开疫情防控领导会议，分区分类及时动态调整、完善公司防控策略与举措，有序抓好各厂区突发疫情封控应对，平稳转段，员工疫苗接种率达99.6%，实现员工健康和工作生活两不误。

【企业党建工作】 2022年，渤海装备出台系列强化基层党建制度办法，发布党建品牌创建三年行动方案，深化基层党建"三基本"与"三基"工作有机融合，持续建强基层组织，举办党支部书记大轮训3期，基层战斗堡垒不断夯实。宣传思想工作成效显著，深化"转勇强创"主题教育，组织3期"管理提升大讲堂"，开展"订单式"宣讲13场次、两级党委中心组学习研讨169次、强管理现场大讨论157场次，促进生产经营各项工作有力开展。持续深化全面从严治党，推进政治监督具体化、精准化、常态化。一体推进"三不腐"体制机制建设，出台渤海装备贯彻落实中央八项规定精神的实施办法，开展"违规吃喝""反围猎"专项行动，持之以恒纠"四风"树新风，"接力巡"实现全覆盖，完善制度28项，用好"四种形态"，打造"清廉渤装"文化品牌，风清气正政治生态进一步巩固。持续加强宣传引导，意识形态管控扎实有力，围绕迎接学习宣传贯彻党的二十大，用好各种媒体，拓展宣传深度，发布新闻稿件2900余篇，同比增长6.8%，认真做好党的二十大期间各项工作，及时收看收听、学习贯彻会议精神。积极实施文化引领战略，制定公司文化引领专项方案，大力弘扬石油精神和大庆精神铁人精神。两级群团组织融入中心，联动开展"抓保强创"劳动竞赛、"双联双争三服务""巾帼建功"、困难帮扶等活动，汇聚全员智慧力量，投身到高质量发展攻坚。

（王迪娜　刘　语）

宝鸡石油机械有限责任公司

【概况】 宝鸡石油机械有限责任公司（简称宝石机械）前身是始建于1937年的陇海铁路管理局宝鸡机车修理厂，1953年划转石油系统，2002年改制成立有限责任公司，2008年成为集团公司独资设立的一人有限责任公司。经过86年的发展，成为集研发、制造、集成、销售、服务为一体的综合性油气钻采装备企业。

宝石机械是国家油气钻井装备工程技术研究中心依托单位，承担全国石油钻采设备和工具标准化技术委员会钻机标准化工作部、海洋石油钻采设备标准化工作部秘书处工作，建有博士后科研工作站。截至2022年底，累计承担国家及省部级科研项目120项，获国家级和省部级科技奖项179项，获授权专利1604件，制修订各类标准639项。

宝石机械产品覆盖50多个类别、1000多个品种规格，主导产品包括1000—12000米全井深、全天候、全地貌石油钻机系列，700—7000型系列压裂设备，500—3000 马力系列钻井泵，海洋钻井系统、修井机、甲板设备、水下装备，重要场合用钢丝绳、吊索具、系列钻头、井口井控设备，油田工程车辆，电气电控设备等。15 大类 56 项产品获美国石油学会 API 会标使用权。具备年产钻机 100 套以上、钻井泵及泵组 800 台、钢丝绳 10 万吨、压裂设备 150 台、钻头 3 万只的能力。

宝石机械秉持"感悟客户需求，超越客户期待"的营销理念，推进专业化、数字化、一体化的"大营销""大服务"体系建设，推行全生命周期服务模式，产品远销 80 多个国家和地区，建成投运国内 14 个维保服务共享中心、国外 5 个维保服务站点，形成国内热点区块、国际主产油区全覆盖的终端服务网络。

宝石机械主要生产经营指标

指　　标	2022 年	2021 年
钻机（套）	47	65
钻井泵及泵组（台套）	509	253
三牙轮钻头（只）	1888	3837
金刚石复合钻头（只）	310	202
钢丝绳（吨）	103318	95988
井口装置（套）	3102	1797
压裂车（台）	84	14
特种车辆（台）	118	130
电气控制设备（套）	129	92
宝石电气开关柜（台）	720	120
签订合同额（亿元）	98.81	101.36
收入（亿元）	70.64	60.65
利润（亿元）	0.48	0.48
税费（亿元）	2.37	2.19

2022 年底，宝石机械下设 10 个职能处室、3 个直属机构、16 个二级单位，本部位于陕西省宝鸡市，成员企业分布在咸阳、成都、西安、北京、广汉等地。员工总数 5263 人，主要生产设备 3500 余台套，总占地面积 250 万平方米，总资产 108.59 亿元。

2022年，宝石机械坚持强化战略引领，创新发展举措，推动公司高质量发展，全力推进"十四五"战略规划落地落实：实现营业收入70.64亿元、同比增长16.47%、创近十年新高，经济增加值（EVA）2.69亿元，净利润4828万元、超额完成集团公司下达指标，新增订货80.12亿元，回收货款61.24亿元。主要指标超出预期，安全环保形势平稳向好，精准开展专项防控，及时启动驻厂生产，最大限度减少新冠肺炎疫情对生产经营的影响，产品质量稳步提升，员工队伍保持和谐稳定。

【技术创新】 2022年，宝石机械坚持科技创新、多措并举推动高水平科技自立自强。承担的万米级智能钻机研发、大功率智能电驱压裂装备关键技术研究等重大项目有序推进；全井场设备静音型8000米自动化钻机、双单根立柱管柱自动化快移钻机等36项新产品接连问世；电驱压裂控制系统完成了"一键式"控制和故障模拟试验；气井带压作业机攻克了远程控制技术，实现了作业现场少人化；140兆帕防喷器高强韧承压件新材料研究取得重大突破；压裂设备测试中心建成投用，行业领先的核心竞争力稳步提升。获授权专利65件，其中发明专利62件、创历史新高，"一种旋转型锁块式钻井隔水管连接器"专利获第二十三届中国专利优秀奖；制修订标准16项，其中《柱塞泵用氧化物陶瓷柱塞》等国家标准6项、行业标准4项、集团企业标准2项、团体标准4项。5000型电驱压裂橇等2项新产品列入集团公司首台套重大技术装备目录；"一键式"人机交互7000米自动化钻机等5项新产品纳入集团公司重大技术装备推广应用计划。

【新能源业务】 2022年，宝石机械持续壮大育强新能源业务。成立新能源绿色低碳发展领导小组和专项工作小组，组建新能源事业部，全力保障新能源业务顺利推进。"百方级规模碱性电解水制绿氢工艺技术中试放大研究"等3项集团公司新能源领域重点课题持续推进，1000标立方米碱性水电解制氢装置完成技术引进，全球首台钻井混合储能系统下线并进入工业性试验，井场低碳能源供给与多重节能控制系统等实现推广应用。

【海洋高端业务】 2022年，宝石机械稳步推进海洋高端业务。开展水下修井系统、无隔水管泥浆循环系统等研发，单根与卡盘伸缩节等隔水管部件、船用高强度压实股超长钢丝绳等产品国产化替代取得突破，国内首套1500米海底铺缆系统通过出厂验收，水下液压连接器成功交付。

【油气田增产增效服务】 2022年，宝石机械加快开展油气田增产增效服务业务。成立宝石丰泰公司，以合资合作方式引进技术，同步回转排水采气装置在长庆油田实现单井日均增产3400立方米以上，累计为长庆油田增产气量4317

万立方米，创收 1280 万元，油气田增产增效服务业务有望成为宝石机械效益增长的重要一极。

【市场开发】 2022 年，宝石机械紧抓营销服务不放松。在坚决保障集团公司内部需求的同时全力拓展外部市场，创造了多个第一：8000 米自动化钻机首次出国作业，钻井泵首次批量出口德国，金刚石钻头、高强度镀锌钢丝绳、冲砂修井机等产品首次挺进中东、美洲等地；压裂设备社会市场订货首破 10 亿元"关口"；国内首套深水控压钻井设备、风电勘察钻探系统、机械水泥头等新产品走向市场取得订单，业务链条向海洋新能源、海洋工程服务等领域延展。出台实施《服务型制造转型指导意见》，优化"售租服"并举模式，租赁订货 3.4 亿元、同比增长 25%，服务类收入 19.88 亿元、同比增长 26.87%。上榜"2022 中国品牌价值评价信息"，闪亮登场"海博会"，参加阿布扎比国际石油展；相继开展了固控设备、钢丝绳、自动化钻机线上直播，在线观看 7 万余人次，收到国内外 30 余个重点客户信息反馈，公司品牌影响力持续扩大。

【产品生产】 2022 年，宝石机械切实提升保供履约能力。执行产品定级制度，科学储备、加强协调、定期反馈，与上年同期相比，钻机上井场周期缩短 7%、组装调试周期缩短 12.5%。"一键式"自动化钻机、乌干达钻机、尼日利亚钻机、阿曼钻机等项目及时高效交付，"一键式"自动化钻机刷新国家级页岩油重点项目胜利油田牛页一区试验井组最快开钻纪录。全年产出钻机 47 台、钻井泵及泵组 509 台、钢丝绳 10.33 万吨、压裂设备 101 台、带压作业机 18 台。

【安全生产】 2022 年，宝石机械坚决筑牢安全环保屏障。QHSE 体系建设深入推进，双重预防机制运行顺畅，国际业务社会安全管理体系五维绩效考核首次跨入"卓越级"，"四不两直"检查、专项排查整治等多措并举，筑牢了本质安全基础。西安宝美电气工业有限公司与宝石机械钻机分公司获评集团公司健康企业建设达标单位。环保设备设施和污染源在线监控率 100%，危废合规处置率 100%，宝石机械获中国绿化基金会"我为碳中和种棵树"公益活动最佳组织奖。

【质量管理】 2022 年，宝石机械推进质量管理。实施 11 项质量提升改进计划，加大质量问题追责问责力度，产品出厂合格率 100%，产品一次交检合格率 99.86%，推广应用自动化智能化检测技术，探伤、计量、理化检测等专项业务检测效率提升 30% 以上。对采购和外协产品增设质量检测停留点，促进供应商质量管理水平及产品质量提升。

【数字化转型智能化发展】 2022 年，宝石机械推进数字化转型智能化发展。"三个系统、一个平台"软硬件建设同步推进，11 个子场景均进入软件开发攻坚阶段并逐步推广应用，新型数字化能力加快迭代。强化 MES、ERP、PDM 等系统集成应用，实现了跨部门业务协同与跨系统数据协同。11 个精益生产单元和自动化产线建设稳步推进，加工、焊接、打磨、组装等生产作业现场数字化、智能化改造力度持续加大，5G 无线网络覆盖宝石机械本部全域。

【精益管理】 2022 年，宝石机械着力提升全价值链精益管理水平，精益管理"五年三步走"战略规划顺利收官。持续围绕 6S、目视化、TPM、班组管理、持续改善五方面内容开展精益管理工作，完成三级精益改善项目 1032 项，完成钻机及部件的设计指导书、技术协议等标准化模板 140 余份。加强源头预防及过程管控，钻机整改项平均减少 35%。推行框架协议采购、代储代销等方式，实现采购降本 1.13 亿元。

【深化改革】 2022 年，宝石机械深化改革激发企业发展活力。国企改革三年行动 67 项任务收官，厂办大集体改革全面完成。三项制度改革逐步深入，精简二级机构 3 个、三级机构 12 个，降幅均超 10%。梳理发布公司现行有效规章制度 267 项，提质增效价值创造行动实现直接效益 2.15 亿元。在"两金"管控上压存量、控增量，应收账款清收力度持续加大，存货余额较年初降低 9.66%。推进电子合同应用，事后合同、线下合同发生率明显降低。通过合资合作、产品技术升级等方式，巩固亏损企业治理成果。科技经费管理办法落地实施，科技完全项目制管理首批两个项目试点推进，科研项目管理流程与研发效率得到双优化。

【文化引领】 2022 年，宝石机械贯彻集团公司"文化引领"战略举措。开展内涵丰富的庆祝建厂 85 周年系列活动，举办生产经营、文化宣传、体育比赛三大类 17 项活动，增强了企业活力，凝聚了员工合力。修订新版《企业文化手册》，整合提炼企业文化体系，改造厂史展厅、产品展厅，全员以厂为荣的自豪感、以厂为家的归属感大幅提升。

【企业党建工作】 2022 年，宝石机械深入推进党的领导和公司治理有机融合。认真做好党的二十大迎接和学习贯彻工作，常态化开展四史相关内容学习，严格落实"第一议题"制度，党委理论学习中心组集体学习 19 次，专题研讨 16 次。着力推进"一党委一亮点""一纪委一特色"等工程与提质增效专项行动、"转观念、勇担当、新征程、创一流"主题教育相结合，确保党建引领生产经营不偏离。基层党建"三基本"建设与"三基"工作深度融合，党委书记讲党课入脑入心，基层基础工作更加坚实，基层党建工作水平有效提升。严格落实中央八项规定精神，常态化纠治"四风"，全力抓好集团公司巡视反馈问题整改，实现党的十九大后新一轮巡察工作全覆盖，同时设立派驻新区纪检组，管党治党责任进一步压紧压实。公司级民生工程稳步推进，新区停车场投入使用，东厂小区改造、食堂改造加速进行，住宅楼产权证办理取得阶段性成果。"人才强企工程推进年"14项活动推进有力，涌现出"央企攻坚工程一期突出贡献团队"7000米自动化钻机研制与应用团队、"集团公司劳模和工匠人才创新工作室"商杰创新工作室等典型团队及"第21届全国青年岗位能手标兵"安浩等先进个人，队伍建设成效显著。

（孙艳超）

宝鸡石油钢管有限责任公司

【概况】 宝鸡石油钢管有限责任公司（简称宝鸡钢管）前身是始建于1958年的宝鸡钢管厂，是中国"一五"期间156个重点建设项目之一，是中国第一个大口径螺旋埋弧焊管生产厂家，是中国规模大、品种全、市场占有率高的专业化焊管企业。

宝鸡钢管主要为国内外油气长输管道建设和油气勘探开发提供钢管装备的研发、制造、服务与保障，产品覆盖油气输送管、油套管、连续管、管材防腐、焊接材料和钢管辅料等多个领域，形成输送管、油套管、连续管和技术服务"四大业务"。24种产品取得API认证，10种产品获"中国石油装备"背书品牌。钢管综合产能196万吨。截至2022年底，累计生产输送管2212万吨、33万千米，铺设重点管线200余条；生产专用管550万吨、连续管6.6万吨，产品出口至美国、加拿大、俄罗斯、印度、沙特阿拉伯、荷兰、土库曼斯坦、哥伦比亚等40多个国家和地区。

宝鸡钢管技术实力雄厚，是我国焊接钢管生产工艺研究、试验检测和科技情报中心，是国家和行业标准起草单位，也是国家级创新型企业和国家火炬计划重点高新技术企业。2014年建成行业唯一的国家油气管材工程技术研究中心。

宝鸡钢管总部位于陕西省宝鸡市，2022年底，资产总额82.67亿元，员工4446人；设机关处室10个、直属机构2个，所属二级单位13个（9个全资企业、2个控股企业和销售总公司、钢管研究院），分布在中国东北、华北、华东、西北、西南和新疆"六大发展区域"，形成"十个生产基地、四个出海通道"。

2022年，宝鸡钢管围绕"管理创新年"总体部署，统筹推进生产经营、改革发展各项工作，有效应对各类冲击挑战，拓市场、稳运行、强改革、促转型、防风险、增实力。全年钢管订货量159.6万吨，同比增长13.6%；钢管产量148.1万吨，同比增长17.8%；钢管销量149.5万吨，同比增长10%；营业收入106.2亿元，同比增长22.9%；上缴税费2.9亿元，同比增长62%。

宝鸡钢管主要生产经营指标

指　　标	2022年	2021年
钢管签约额（亿元）	124.9	106.6
钢管订货量（万吨）	159.6	140.5
钢管产量（万吨）	148.1	125.8
钢管销量（万吨）	149.5	136.5
收入（亿元）	106.2	86.4
利润（亿元）	1.27	0.54
税费（亿元）	2.9	1.8

【产品生产】 2022年，宝鸡钢管聚焦服务保障主责主业，不断健全完善精益生产长效机制，优化生产组织，抓好生产保供，强化生产保障，多途径打通生产发运堵点，"站排头，争第一"，全年生产钢管148.1万吨，其中输送管105.1万吨、专用管41.7万吨、连续管1.3万吨，保证了国家管网集团国脉建设、国家能源安全和地方重要民生建设项目。所属二级单位中油宝世顺（秦皇岛）钢管有限公司年产量、防腐量、发运量继续保持高水平；辽阳石油钢管制造有限公司机组作业率保持90%以上；宝鸡石油输送管有限公司首创内焊"两步法"生产，产出率提高19.8%；宝鸡石油钢管有限责任公司连续油管分公司生产效率提高20%，连续6个月刷新月产量历史纪录；宝鸡石油钢管有限责任公司西安石油专用管分公司推进"8+8"生产模式，创新"AMA"合作模式和"长线短用"生产方式，产能提升14%，为长庆油田、青海油田、玉门油田等直达配送专用管23.1万吨。

【技术创新】 2022年，宝鸡钢管加强"产学研用"融合创新平台建设，成功申报陕西省"共性技术研发平台"和"技术创新中心"，科技支撑能力进一步增强。开展重点课题研究，先后承担"深海油气资源输送用先进双金属复合管开发和产业化"等2项国家重点研发课题，集团公司前瞻基础性技术攻关项目"井下大功率电加热器研制"，以及油田地面集输油用柔性复合管开发等14项省部级科技项目，获省部级奖励11项。着力攻克行业核心关键技术，在应用领域取得"两个世界首发""两个国内第一",3项产品通过鉴定,7项成果被认定为集团公司自主创新重要产品。全球最高强度CT150连续管为新疆油田超深井、大位移水平井等作业提供新的"技术利器",世界首盘超级18Cr不锈钢连续管在吉林油田CCUS项目应用;成功下线国内首盘长度8500米、CT130超高强度变壁厚连续管,以及国内最长内置铠装热电偶连续管。研制出纯氢输送、超临界/密相CO_2输送用HFW焊管等新能源管材和N80钢级中大口径焊接表层套管,打造了系列上游增储上产利器。

【市场开发】 2022年,宝鸡钢管贯彻落实集团公司市场营销工作会、装备制造企业市场营销座谈会精神,精心经略营销链,扩大上游勘探开发市场,巩固国家管网市场,拓展民生建设市场,实现订货量159.6万吨,初步形成"三分天下"的市场格局。上游市场着力服务和保障油气田重点产能建设,取得专用管订单45万吨,其中争取BJC-Ⅱ特殊扣首台套5.9万吨。连续管开展"连续管+"技术营销和服务营销,实现订货1.3万吨,同比增长30%。国家管网市场成功运作"主力投标企业+区域生产基地"投标策略及模式,确保宝鸡钢管三大产品、五家企业全部入围,获西气东输三线中段、西气东输四线、川气东送二线等项目高品质订单60.1万吨,同比增长97%。民生建设市场对标对表民企,提高反应速度,斩获开封—周口天然气管道工程等订单37.5万吨。12月,市场营销部门周密部署、精心运作,全月创纪录回款30.3亿元。

【安全生产】 2022年,宝鸡钢管推进安全生产三年行动专项整治,建立安全环保形势月度分析机制,落实安全生产承包点制度,修订QHSE体系和全员安全生产责任清单。以国务院安全生产"十五条硬措施"为遵循,常态化开展"四不两直"检查,抓实"四全"管理,严格"四查"要求。加强生态环境隐患排查治理,确保固废合规处置,废气废水噪声达标排放,受到各级督导组充分肯定。资阳公司通过四川省和集团公司健康企业达标验收,宝世威公司被评为"上海市健康单位"。

【质量管理】 2022年,宝鸡钢管完善质量体系,压实质量考核责任,开展"一体化"内审,快速响应用户反馈意见。建立公司产品标准目录,制定重点管线产品质量内控标准,实施质量提升99项,主要产品成材率均高于目标值。主导产品被评为"集团公司优势产品""中国石油石化装备制造企业名牌产品"和"陕西省工业精品"。开展QC活动课题73项,创效700余万元。

【提质增效】 2022年,宝鸡钢管深化推进"提质增效价值创造行动","一企一策一案"打好亏损治理"组合拳",亏损额、亏损面分别下降75%、70%,净利润同比大幅攀升。开展"两金专项清理行动",压库清欠,清收以前年度应收账款9.2亿元，压降以前年度发出未结11.8万吨、库存待发9.4万吨，法律清欠近9000万元。实施生产分厂定额管理和目标成本管理，降主材、降消耗、降能源，控制非生产性费用，清理低效无效及闲置资产990项、近2000万元。全年净资产收益率和营业收入利润率分别为1.81%、0.64%，分别同比增加0.91和0.08个百分点。科学研判原料价格走势，所属二级单位输送管、宝专管、连续管前瞻性低位锁定原料，从源头上提质增效。争取政策创效，实现增值税留抵退税1.63亿元，办理新冠肺炎疫情期间房产、土地税减免524万元；实现研发费用加计扣除3213万元，同比增长59.6%；争取科技经费支持近1.15亿元，各类政策补贴4491万元。

【改革创新】 2022年，宝鸡钢管推动国企改革三年行动落地见效，如期高质量完成61项改革任务，细化提升34项举措并持续推进。推行职能综合化的"大部门"制改革，将本部处室由11个压减为10个，直属机构由3个压减为2个；优化调整二级单位三级机构设置，将相关本部部门一律优化整合到5个以内。提拔交流干部36人，干部年龄结构、专业结构得到根本改善。深化三项制度改革，将技术人员双序列向基层延伸，向纵深推进，在基层单位评聘一级工程师，激发一线科技人员工作积极性、主动性。创造性地在营销领域探索双序列改革试点，评聘高级营销专家3名、营销专家12名，以订单论英雄，靠业绩拿薪酬，激活营销队伍动力活力。成立技师（班组长）协会，在技能人才中开展21项一线生产难题攻关，打通人才成长通道。有效解决剥离企业办社会历史遗留问题，推进厂办大集体改革，完成收尾工作。

【风险防控】 2022年，宝鸡钢管开展"合规管理强化年"各项工作，推进落实"严格财经纪律、依法合规经营"综合治理专项行动，健全法律、业务、监督部门协作机制，强化全员依法合规培训，开展经济责任和专项审计，发现问题68项，提出审计意见及建议32条，狠抓落实整改，堵塞管理漏洞，推进企业依法合规运营。

（娄喆雄）

中国石油集团济柴动力有限公司

【概况】 中国石油集团济柴动力有限公司（简称济柴）始建于1920年，是集团公司下属唯一动力装备研发制造服务企业，是国家级企业技术中心、高新技术企业，集团公司动力装备试验基地、科技先进单位，山东省高端装备领军企业、瞪羚企业。全国燃气发电设备标准化标委会、钻采设备标准化委员会、燃气发动机标准化标委会工作组均设在济柴。

历经百年发展，济柴形成以发动机、压缩机为主导，延伸燃气动力集成、动力电气控制等多板块动力装备家族。其中发动机开发出涵盖140毫米、175毫米、190毫米、200毫米、260毫米、270毫米、320毫米等7大缸径系列，适用于柴油、重油、天然气、煤层气等多种燃料介质的产品集群，产品功率范围覆盖200—6300千瓦，可广泛应用于油气产业上中下游、社会、船舶、军用等多个领域；压缩机已形成整体式、电驱分体式、燃气分体式、气体钻井式、车载移动式五大类别，适用于天然气、煤层气、页岩气、LNG等多种工作介质的产品集群，产品功率范围涵盖85—7500千瓦，排气压力覆盖15—70兆帕，可广泛应用于油田集气、加气、气举、钻井、储气库、CCUS等多个领域。

2022年底，济柴参股公司1个（中国石油集团资本股份有限公司，参股1.91%）。有山东济南、四川成都、新疆库尔勒、河北青县、内蒙古乌审旗、湖北武汉6个生产服务基地。有各类主要生产检测设备3395台套，其中"精、大、稀"设备114台套，总资产47.6亿元，在岗员工2025人。

2022年，济柴着力提质量、增效益、促改革、防风险，继续保持"零疫情"，完成集团公司下达的考核指标，经营业绩为2012年以来最好水平。

济柴主要生产经营指标

指　　标	2022年	2021年
内燃机（台）	1613	1115
天然气压缩机（台）	122	100
签订合同额（亿元）	27.5	26.97
收入（亿元）	23.4	20.3
利润（亿元）	3110	2619
税费（亿元）	0.9	0.77

【市场开发】 2022年，济柴内部市场收入17.7亿元、增长52.4%。海外市场收入2.4亿元、增长114.1%，签约红石项目2.4亿元大缸径产品订单，在俄罗斯市场取得重大突破。外部市场亮点纷呈，中标中国石化钻井动力集采项目，收入超过1.2亿元，创2016年以来最好水平；在燃气发电需求断崖下滑的形势下，成功开发淮南矿业集团、焦作煤业集团等优质客户。压缩机业务收入12.1亿元、增长30.8%，产品首次应用于中国海油钻井平台；发动机业务收入10.5亿元、增长6.1%；新能源业务收入近8000万元，实现零突破。

【技术创新】 2022年，济柴超临界二氧化碳注气压缩机组等4款产品通过集团公司自主创新重要产品认定，16缸V型260毫米缸径气体发电机组等4款产品入选集团公司首台套重大技术装备目录，燃烧系统依赖进口等6项"卡脖子"问题得到有效解决，2款压缩机产品、1个发动机研发团队获省部级奖励。稳步推进数字化转型智能化建设，实施产品装配信息化项目，生产效率得到提升；完善产品远程监控系统，服务支持能力得到加强。济柴获评山东省瞪羚企业，入选工信部新一代信息技术与制造业融合发展试点示范名单。

【产品生产】 2022年，济柴加强资源统筹，灵活组织生产，特殊时段闭环驻厂工作，全力克服供电紧张、新冠肺炎疫情封控等不利因素，下线产品总功率107.1万千瓦、增长18.4%。聚焦稳链强链，对5637种零部件开发第二供应商，推进43家供应商直购转寄售，清退多年无动态供应商129家，供应链效率、质量、成本实现"两升一降"。加强设备管理，健全完善保养标准，明确三级管理职责，维保责任得到压紧压实。

【深化改革】 2022年，济柴完成国企改革三年行动，工作成效得到集团公司2次点名表扬，3篇案例被集团公司收录。在热工分公司、传动与应急动力事业部试点自主经营，效果达到预期；建立内部市场化交易结算机制，成本压降得到有效落实。推进三项制度改革，减少二级机构3个，压减用工编制6.5%；试点员工末位交流、岗位竞聘，中层干部任期制和契约化管理全面落地，管理人员竞争上岗和不胜任退出机制有序运行；平稳实施薪酬结构优化，员工浮动工资占比超过50%；全员劳动生产率达25.14万元/人，同比提升7%。

【转型发展】 2022年，济柴坚持向绿色低碳转型，成立新能源科技分公司，多点孵化、重点培育战略性新兴业务。中标吐哈油田8700万元电化学储能项目，实现零的突破；参与集团公司CCUS示范工程，推出新一代超临界二氧化碳压缩机组；研制智能加油机器人，现场试用效果良好；建设1兆瓦储能电站和8.8兆瓦分布式光伏发电项目，实现生产用能绿色替代。坚持向服务型制造转型，基本建成覆盖国内油气主产区的2小时服务圈；发动机租赁服务、总包服务受到用户青睐，西部钻探租用140产品超过200台，规模总量超过前期之和；"气代油"钻井总包服务在苏里格气田、松辽盆地初具规模，140产品应用数量已接近百台；压缩机钻采服务在西南油气田、吐哈油田、青海油田等广泛应用，收入近3800万元；再制造服务承揽渤海钻探、川庆钻探订单近1300万元。全年服务收入突破6亿元、增长33%。

【提质增效】 2022年，济柴坚持低成本发展，以研发、采购降本为抓手，全力压降成本近1亿元，产品综合毛利率提升1.5个百分点。开展资产创效，创造性招租引商，盘活闲置厂房8675平方米，年租金收入240余万元，减少库存资金占用435万元。推进试验机商品化销售，加强呆滞主机拆解利用，开展零部件修旧利废，压降库存近3700万元，低效无效库存占比下降至8.5%。严格执行应收账款专班、专人、专项"三专"管理，将压降效果与领导干部个人考核、班子奖惩兑现、单位资金计划紧密挂钩，全力清存量、防增量。社会单位欠款下降30%，一年以上欠款下降31%，为近年来最好水平。加强扶持政策研究利用，收到各类财政资金近4000万元。

【精益管理】 2022年，济柴优化完善"三重一大"决策机制，严格落实重大涉法事项法律论证要求。强化案件全链条管理，新发被诉案件下降50%。开展"合规管理强化年"专项工作，编制合规责任清单89份，制修订管理制度65项，优化完善重要业务流程6项。加强合规经营，解决1.31亿元历史遗留问题；开展招标问题专项整治，招标率由65%提升至82%，创历史新高。持续深化安全生产大检查，严格落实十五条硬措施，推进安全生产记分、班组HSE标准化建设提升、安全生产专项整治三年行动等重点工作，济柴连续5年荣获集团公司质量安全环保先进单位。狠抓工艺纪律监督检查，开展采购件自制件质量问题"歼灭战"，实施班组完工质量"一对一"帮扶，加强生产全过程质量管控，外部质量问题下降28%。

【企业党建工作】 2022年，济柴开展"建功新时代、喜迎二十大"主题系列活动，组织全体干部员工收看大会盛况，举办学习贯彻宣讲报告会，开设专题专栏宣传报道。坚持以党的二十大精神为指引，集思广益研讨谋划当前及今后一个时期的重点工作。构建基层党支部"六位一体"考评体系，推行基层党组织书记季度、年度述职，组织开展党建经验专题交流，连续3年获集团公司党建工作责任制考核A级。培养选拔40岁以下年轻干部32人，开展干部轮岗交流、异地交流、挂职锻炼68人次，选人用人工作总体评价"好"的比率同比上升5.4%。搭建专业技术、技能操作、经营管理三类人才成长体系，选拔技术、技能、管理专业骨干178人。扎实整改党组巡视反馈、经济责任审计反馈各项问题，完成率分别达到87.2%和98.9%。完善企业文化手册，实施场景文化提升，加强济柴品牌宣传，新媒体矩阵关注用户超过1万人，人民日报新媒体平台、央视频等国内主流媒体6次对济柴改革发展成效转载报道。逐年提高员工传统节日慰问、小劳保、餐补、体检等执行标准，为员工购置重疾、医疗、意外团体保险，开展"我为员工群众办实事"实践活动，84项惠民便民举措得到落实，员工满意率超过98%。

（李文博）